gegossen - gedruckt - gebunden

Vom Rohstoff zum Buch

Begleitbroschüre zur Sonderausstellung
des
Naturhistorischen Museums Mainz
im Rahmen der
Historischen Ausstellung
„Gutenberg. *aventur und kunst*"
15.04. – 03.10.2000

ISBN 3-00-005979-2

Redaktion:	R. Güsten
Beiträge von:	I. Blitz, H. Frankenhäuser, R. Güsten, J.H. Jungbluth, I. Lauterwasser, H. Lutz, U. Hildebrand, U. Schmidt
Gesamtherstellung:	Druckerei Pretty Print, Mainz

Printed in Germany – Imprimé en Allemagne
Auflage: MMD

Faciendi plures libros nullo est fine

Viel Büchermachens ist kein Ende

Salomo 12, 12

Wir danken herzlich allen Leihgebern, die Objekte für die Ausstellung „gegossen – gedruckt – gebunden. Vom Rohstoff zum Buch." zur Verfügung gestellt haben:

Einzelpersonen

Karl-Heinz Becker, Mainz-Gonsenheim
Norbert Eckart, Frankfurt a.M.
Hermann Ehli, Mainz-Gonsenheim
Annette Lang-Edwards, Mainz
Ernst Paulduro, Maintal
Dr. Vera Trost, Stuttgart

Institutionen

Baseler Papiermühle, Schweizerisches Papiermuseum und Museum für Schrift und Druck, Basel
Deutsches Apotheken-Museum, Heidelberg
Deutsches Bergbau-Museum, Bochum
Freilicht-Museum Sobernheim, Sobernheim
Gutenberg-Museum, Mainz
Hessisches Landesmuseum, Geologisch-Paläontologische & Mineralogische Abteilung, Darmstadt
Kreismuseum Bitburg-Prüm, Bitburg
Volkskunde- und Freilichtmuseum Roscheider Hof, Konz
Vonderaumuseum, Fulda
Württembergische Landesbibliothek, Stuttgart

Inhalt

Vorwort

Zahlreiche Veranstaltungen markieren das GUTENBERG-Jahr 2000 in Mainz, zur Feier des 600. Geburtstags von Johannes GUTENBERG. Ein zentrales Ereignis ist die große historische Ausstellung der Mainzer Museen „GUTENBERG. *aventur und kunst*". Das GUTENBERG-Museum bietet neben seiner Dauerausstellung zahlreiche weitere Exponate zur Biographie des Erfinders und zur Lebenswelt seiner Zeit. Einen begehbaren Stadtplan von Mainz im 15. Jahrhundert präsentiert das Stadtarchiv im GUTENBERG-Museum. Das Landesmuseum zeigt Kunstwerke dieser Periode aus dem Mainzer Raum und ihre Entstehungsgeschichte, im Dom- und Diözesanmuseum sind Mainzer Bildteppiche aus GUTENBERGS Zeit zu sehen.

Das Naturhistorische Museum Mainz zeigt den Ausstellungsteil „Gegossen – gedruckt – gebunden. Vom Rohstoff zum Buch." Die Besucher erfahren die Arbeitsmethoden der verschiedenen Handwerke, die im 15. Jahrhundert bei der Herstellung eines Buches beteiligt waren – sowohl vor als auch nach der revolutionären Neuerung GUTENBERGS. Die Kulisse einer mittelalterlichen Gasse mit Handwerkerhäusern, in die die Besucher durch Türen und Fenster Einblick haben, bildet hierfür den Rahmen. Erze, Mineralien, Pflanzen und Tiere lieferten die Ausgangsmaterialien, aus denen Handwerker Zwischenprodukte schufen, die schließlich zum fertigen Buch zusammengefügt wurden.

Die Holzstiche von Jost AMMANN aus dem Ständebuch von 1568, die den Beginn der einzelnen Kapitel der vorliegenden Broschüre zieren, zeigen anschaulich Szenen aus dem Schaffen der Handwerker, die im Mittelalter zur Entstehung eines Buches beitrugen. Ein Schriftgießer stellt aus verschiedenen Metallen die Lettern für den Buchdruck her. Ein Papierer schöpft aus einem Brei gestampfter Hadern die Papierbögen. Ein Buchmaler wird bei der Illumination der geschriebenen oder gedruckten Buchseiten gezeigt. Der Seiler dreht Fäden und Schnüre zum Buchbinden aus Pflanzenfasern, der Schreiner bearbeitet das Holz für die Buchdeckel, der Gerber die Tierhäute, um Leder für den Einband herzustellen. Der Buchbinder schließlich vereinigt alle Bestandteile zum fertigen Produkt. Den Abschluß bildet eine Schilderung der Lebensumstände im Mainz des 15. Jahrhunderts.

Die Broschüre soll nicht nur ein Ausstellungsführer sein. Besucher der Ausstellung können darin weitere Informationen finden. Die einzelnen Kapitel entsprechen den Handwerkerhäusern, die die einzelnen Stationen der Inszenierung bilden. Doch auch wer die Ausstellung nicht erleben konnte, erhält einen vollständigen Überblick des Weges von den Rohstoffen über die handwerkliche Verarbeitung zum Buch.

Dr. F. O. Neuffer
Museumsdirektor

Mainz, GUTENBERG und seine Erfindung

The City

Mainz during GUTENBERG's time: A cityscape with numerous churches dominated by the cathedral, noble patrician residences, craftsmen's quarters with narrow, huddled-together houses, but also the huts of the poor and very poor. Everything is crowded inside a high, well-fortified city wall and connected to the outside world only via the city gates. Some of the narrow roads and alleys are paved. The majority, however, consists of flattened dirt – dusty in dry weather, muddy in the rain, bordered by human and animal excrements, infested by insects, rats and illnesses. The Black Death is not unknown in town. Domestic animals of all kind compete with children and adults, traders and beggars, clergymen and noblemen for space in the city streets.

On the other hand, Mainz is an open, multicultural metropolis of the era. Since the 10th century it is the „especially loved daughter of the Roman church", and the residence of one of the most influential religious and secular leaders in Germany, the archbishop of Mainz, who is also electoral prince and Imperial Chancellor. The city enjoys wealth and independence due to its proximity to the Rhine, giving it access to international trade and special trade privileges. Many items from abroad can be admired and purchased. News and inventions from remote regions and countries quickly reach the city.

The ingenious invention

In this environment, Johannes Gensfleisch, known as GUTENBERG, is pondering over a possibility to simplify the printing of books. Wood printing is known for a long time, but the single pages still have to be carved as a whole into a wooden plate. GUTENBERG develops the idea to divide such a page into a number of individual characters or letters. As shown by some print

Die Stadt

Mainz zur Zeit GUTENBERGS: Das sind der alles dominierende Dom nebst vielen Kirchen, stolze Patrizierhäuser, schmale, eng aneinander geschmiegte Handwerkerdomizile, aber auch Hütten der Armen und Ärmsten. Alles ist zusammengedrängt innerhalb einer hohen, wehrhaften Stadtmauer, nur durch Stadttore mit der Außenwelt verbunden. Einige der engen Straßen und Gassen sind gepflastert; die meisten aber bestehen aus gestampfter Erde, staubig bei Trockenheit, matschig bei Regen, begrenzt von Rinnsalen menschlicher und tierischer Exkremente, bevölkert von Ungeziefer, Ratten und Krankheitskeimen. Der schwarze Tod ist so kein Unbekannter. Haustiere aller Art streiten sich mit Kindern und Erwachsenen, Händlern und Bettlern, Geistlichen und hohen Herren um den Platz auf der Straße.

Mainz ist eine weltoffene, multikulturelle Metropole der damaligen Zeit. In der seit dem 10. Jahrhundert „besonders geliebten Tochter der römischen Kirche" residiert einer der einflußreichsten kirchlichen und weltlichen Führer auf deutschem Gebiet, der Mainzer Erzbischof, gleichzeitig Kurfürst und Reichskanzler. Reichtum und Unabhängigkeit verdankt die Stadt ihrer begünstigten Lage am Ufer des Rheins und dem dadurch bedingten internationalen Handel sowie be sonderen Handelsrechten. Viele Dinge aus der Fremde sind zu sehen und zu erstehen. Neuigkeiten und neue Erfindungen aus fernen Gegenden und Ländern sind schnell erfahrbar.

Die geniale Erfindung

In diesem Umfeld sinnt Johannes Gensfleisch, genannt GUTENBERG, über eine Möglichkeit nach, den Buchdruck zu vereinfachen. Der Druck vom Holzstock ist schon lange bekannt; die einzelnen Seiten müssen jedoch noch als Ganzes in eine Holzplatte geschnitzt werden. Die Überlegungen münden schließlich in der Idee, eine solche Seite in eine Vielzahl von Einzelbuchstaben zu zerlegen. Den gleichen genialen Gedankenschritt

products of the time, some other contemporaries followed the same line of thought. His unique invention, however – his claim to fame – is the creation of a user-friendly hand casting instrument that allows him, using an appropriate metal alloy, also newly developed, to produce the required characters in constant quality, in any number and in the shortest time. As a further important equipment he develops a suitable printing press that matches those movable characters. Together these inventions initiate the first global media revolution.

From raw material to book

Besides the various kinds of metal needed for the production of the characters, GUTENBERG had to have numerous materials and trade skills at hand in Mainz to realize the making of books printed by his new technique. The following chapters present the raw materials, their processing and skilled synthesis for the manufacture of a book in the 15th century.

haben neben GUTENBERG wohl auch andere Zeitgenossen; einige Druckerzeugnisse der Zeit zeigen dies. Die einzigartige Erfindung aber, die nur ihm den Ruhm zukommen läßt, ist die Konstruktion eines einfach zu bedienenden „Handgießinstrumentes", mit dem er unter Zuhilfenahme einer geeigneten, ebenfalls neu entwickelten Metall-Legierung alle notwendigen Schriftzeichen in immer gleicher Qualität, beliebiger Anzahl und in kurzer Zeit herstellen kann. Als weiteres wichtiges Instrumentarium entwickelt er auch eine geeignete Druckpresse, die im Zusammenspiel mit den Lettern die erste globale Medienrevolution ermöglicht.

Vom Rohstoff zum Buch

Neben verschiedenen Metallen, die zur Fertigung der Lettern gebraucht wurden, mußte GUTENBERG in Mainz noch zahlreiche Ausgangsmaterialien und handwerkliche Fertigkeiten finden können, um die Produktion von mit seiner neuen Methode gedruckten Büchern zu realisieren. Die folgenden Kapitel zeigen die verwendeten Rohstoffe, ihre Bearbeitung und geübte Synthese zur Herstellung eines Buches im 15. Jahrhundert.

Abb. 1 Älteste wirklichkeitsnahe Stadtansicht von Mainz (1518)

„... der Letternguß die bedeutendste Rolle spielt."

Die Rohstoffe für die Lettern und ihre Verarbeitung

To print the 42-line Bible, GUTENBERG used 290 (!) different letters, letter combinations and punctuation marks. Each of these characters had to be engraved as a positive onto the face of an iron stamp using steel rods, filing and engraving tools. With these stamps, known as punches, negative images were stamped into copper cubes. These so-called matrixes were now inserted into the hand casting instrument created by GUTENBERG to cast any number of characters identical in shape and quality, using a casting alloy of lead, antimony and tin. After breaking off the casting spigot and smoothing the edges, the characters were ready to be sorted into the letter case – another of GUTENBERG's inventions.

Ore mining in the 16th century, the earliest time we have detailed information about, was carried out by very basic means. Miner´s hammer and chisel and simple grease and oil lamps were used. Water-, horse- or man-powered pumping and winding devices served the removal of water from the galleries, air circulation and the transportation of mined material. At the time, the procuration of pure metals by smelting was based exclusively on experience as chemical knowledge was not yet at hand. In an open fire, sulphuric compounds and carbonates were turned into the respective oxides, from which the metals could be extracted by heating with charcoal.

Letternguß

Bereits lange vor GUTENBERG gab es verschiedene Druckverfahren. So hatte man im 8. Jahrhundert in Korea den Holztafeldruck erfunden, ein Verfahren, das noch zur Zeit GUTENBERGS auch in Europa Verwendung fand und die Herstellung sogenannter Blockbücher erlaubte. Hierbei wurde jeweils der Text ganzer Seiten in Holztafeln geschnitten und nach dem Einfärben mit Druckfarbe durch Abreiben auf Papier übertragen. Auch aus Ton gefertigte Lettern waren bereits im 11. Jahrhundert in China entwickelt worden, und aus Metall gegossene Lettern wurden in Korea nachweislich seit dem 13. Jahrhundert verwendet. Aber auch bei diesen Verfahren mußte die Druckfarbe durch vorsichtiges Abreiben aufgetragen werden, so daß nur kleine Auflagen zu erzielen waren.

Ob GUTENBERG von diesem asiatischen Letterndruck Kenntnis erlangt hatte, wissen wir nicht. Er war jedenfalls der erste Europäer, der mit frei kombinier- und wiederverwendbaren Metall-Lettern gedruckt hat. Das Wesentliche und revolutionär Neue war dabei, daß er seine Lettern mit einem von ihm erfundenen Handgießinstrument serienmäßig in gleichbleibender Qualität gießen konnte. Nur so war es ihm möglich, mit

Abb. 2 Handgießinstrument mit Patrize (1), 2 Matrizen (2), Lettern-Rohling (3) und fertigen Lettern (4)

einer ebenfalls von ihm entwickelten Druckerpresse rentabel zu drucken. Vermutlich bestanden bereits Gutenbergs Lettern aus einer Blei-Antimon-Zinn-Legierung, wie sie auch heute verwendet wird, da diese eine präzise Wiedergabe auch feinster Details der Gußformen gewährleistet. Gleichzeitig ist dieses Letternmetall härter als reines Blei und erlaubt so den Druck hoher Auflagen bei geringem Verschleiß der Lettern.

Gutenberg hat zur Realisierung seiner Erfindung aber nicht nur Blei, Antimon und Zinn benötigt, sondern auch Eisen und Kupfer. Zunächst mußte nämlich jeder Buchstabe als Positiv in die Stirnseite eines Eisenstempels graviert und dieser dann gehärtet werden. Diese Prägestempel nennt man Patrizen. Mit ihnen wurden dann Negative in Kupfer-Klötzchen geprägt. Diese sogenannten Matrizen ermöglichten – eingesetzt in das Handgießinstrument – den Guß einer beliebigen Anzahl identischer Lettern-Rohlinge (Abb. 2). Nach dem Abbrechen der Gußzapfen und dem Glattschleifen störender Grate waren diese gebrauchsfertig und konnten in die Setzkästen – ebenfalls eine Erfindung Gutenbergs – einsortiert werden.

Erzbergbau und Metallverhüttung

Voraussetzungen für die Erzeugung reiner Metalle waren ein wohl organisierter Bergbau und ein funktionierendes Hüttenwesen. Allen voran bieten Georgius Agricolas erstmals 1556 in Basel gedrucktes Werk *De re metallica libri XII* (Zwölf Bücher vom Berg- und Hüttenwesen) und das 1540 in Venedig erschienene *De la pirotechnia libri X* (Lehrbuch der chemisch-metallurgischen Technologie) des Vannoccio Biringuccio sowie ein um 1520 anonym erschienenes *Probirbüchlin* eine Fülle an Informationen über den Stand der Bergbau- und Hüttentechnik am Beginn der Neuzeit. Damit vergleichbare Quellen aus der Zeit Gutenbergs liegen uns leider nicht vor, so daß unser Wissen über die Situation zur Mitte des 15. Jahrhunderts lückenhaft ist. Viele der etwa 100 Jahre nach Gutenbergs Erfindung beschriebenen Techniken dürften aber zumindest seit dem Spätmittelalter bekannt gewesen sein.

Stollen und Schächte wurden damals in mühsamer Handarbeit mit Schlägel und Bergeisen in den Fels getrieben (Abb. 3). Die Beleuchtung der Arbeitsplätze erfolgte mit einfachen Öl- und Fettlampen, mancherorts auch nur mit brennenden Kienspänen. Auch die Versorgung der Gruben mit Frischluft, das Herauspumpen der Grubenwässer und natürlich die Förderung der Erze selbst und ihres Nebengesteins wurden von Hand oder mit Hilfe einfacher Maschinen betrieben. So waren, neben Wasserrädern und Pferdegöpeln, mancherorts selbst von Menschen angetriebene Laufräder in Gebrauch (Abb. 4). Das Ausschmelzen der Metalle aus den unterschiedlichen Erzen (Abb. 5) erforderte von den Hüttenmeistern ein hohes Maß an Erfahrungswissen, da chemische Kenntnisse im heutigen Sinne noch nicht vorhanden waren. Der entscheidende Arbeitsschritt war stets die Reduktion der Metall-Sauerstoff-Verbindungen (Oxide) durch Holzkohle zum reinen Metall. Aus schwefelhaltigen Erzen, wie Pyrit (Schwefelkies) und Galenit (Bleiglanz) oder kohlensäurehaltigen Erzen, wie Malachit, Azurit und Siderit (Spateisenstein) wurden Schwefel bzw. Kohlensäure zunächst durch „Rösten" im offenen Feuer ausgetrieben und so die Erze in Oxide überführt.

In welchem Mischungsverhältnis Gutenberg die Metalle für seine Letternguß-Legierung verwendet hat ist ebenso unbekannt wie die Art des von ihm verwendeten Schmelzofens. Eine Zugabe von wenigen Pro-

Abb. 3 Bergleute bei der Arbeit. Miniatur aus dem „Schwazer Bergbuch", einer Handschrift aus dem Jahr 1556

Abb. 4 Von Menschen angetriebene Pumpenanlage (16. Jh.)

zent Antimon und Zinn war jedenfalls erforderlich, weil Lettern aus reinem Blei leicht verformbar waren und schon nach wenigen Abdrucken kein klares Schriftbild mehr zuließen. Möglicherweise hat bereits Gutenberg seinem Letternmetall auch etwas Wismut zugesetzt, das beim Erkalten ein Schrumpfen der Lettern verhinderte. Zum Schmelzen des Letternmetalls reichten die Temperaturen eines Holzkohlefeuers.

Aus welchen Regionen die von Gutenberg benötigten Metalle stammten, ist heute nicht mehr zu klären, da keine Originallettern überliefert sind, deren Analyse hier Hinweise liefern könnte. Relikte mittelalterlicher Bergwerke und Urkunden deuten jedoch darauf hin, daß das Blei aus den zumindest schon von den Römern betriebenen und im 15. Jahrhundert bereits in voller Blüte stehenden Gruben bei Braubach und Bad Ems an der Lahn oder von Bleialf in der Eifel gekommen sein könnte. Zinnerzlagerstätten fehlen dagegen im südwestdeutschen Raum. Lediglich im Harz, im Fichtelgebirge und im Erzgebirge standen kleinere Vorkommen im Abbau. Ergiebige, schon seit römischer Zeit ausgebeutete Zinnvorkommen lagen in Cornwall und in der Bretagne. Antimonerze wurden in Sachsen und im Harz gewonnen, Wismuterze im Schwarzwald und im Erzgebirge. Das für die Matrizen benötigte Kupfer könnte aus der Pfalz gekommen sein, wo bei Imsbach am Donnersberg reger Bergbau betrieben wurde, doch waren schon zur Zeit Gutenbergs zahlreiche weitere Vorkommen bekannt. Eisenerze sind ebenfalls weit verbreitet und wurden vielerorts gewonnen, so z.B. an der Lahn. Gutenberg dürfte seine Rohmaterialien entweder in Mainz selbst gekauft oder aus Frankfurt oder Köln, als den nächstgelegenen Handels- und Umschlagplätzen für Metalle, bezogen haben.

Abb. 5 Schmelzöfen einer Bleihütte (16. Jh.)

„... eure alten Kleider, Stoffe, Säcke bringet her!"

Papierherstellung zur Zeit GUTENBERGS

For the production of paper, discarded fabric – primarily linen – was cut to pieces and subjected to a decay process to break it up. Lime was added as a bleach and disinfectant, later acting also against acidic influences to the paper such as bookbinder´s size. The rags were then beaten to tiny fiber pieces. In the 15th century, water-powered stamping-mills with several hammers were already in use, equipped with different metal fitting for gradually finer maceration. The fiber pulp was then poured into a trough of water. Paper was formed by scooping from this liquid with a hand-mould. Paper moulds were made of wire, additional wire figures mounted on them created the characteristic water marks. The wet sheets were couched on felt. A suitably large stack consisting of alternating layers of paper and felt was dehydrated in a press, the paper was removed and dried on lines. In addition, sheets intended to be used as writing paper were dipped into an animal size and dried again. The size made the sheets more rigid and prevented smudging of the watery writing ink. For GUTEN-BERG's new printing technique, however, paper with little or no size was found more suitable to secure proper adhesion of the fatty, glutinous ink. The paper sheets, uneven after drying, were smoothed by hand preferebly using a polished agate stone. This lengthy production process required a great amount of mechanical and human effort.

Vormittelalterliche Beschreibstoffe

Aus Pflanzenfasern wurde in vielen Kulturkreisen das Beschreibmaterial für Aufzeichnungen gewonnen. Ein bekanntes Beispiel ist der Papyrus, der im frühgeschichtlichen Ägypten entstand und vereinzelt in Europa bis ins 11. Jahrhundert hinein Anwendung fand. Zu seiner Herstellung wurden Markstreifen der Papyrus-Staude (*Cyperus papyrus*) in mehreren rechtwinklig überlappenden Lagen durch Zusammenklopfen trocken verfilzt (Trocken-Faservlies). Vom Papyrus leitet sich die Bezeichnung „Papier" ab. Die Herstellungstechnik von Papier ist jedoch eine andere: Aus den Stengeln geeigneter Pflanzen gewonnene Fasern werden, mehr oder weniger zerkleinert, in Wasser suspendiert, mit einem Sieb geschöpft und durch Schütteln verfilzt (Naßvlies). Im Sproß der Pflanze stellen die Fasern ein Festigungsgewebe dar, bestehend aus Bündeln langgestreckter Zellen mit verdickten Wänden. Die Fasern von beispielsweise Hanf (*Cannabis sativa*) und Flachs (*Linum usitatissimum*) eignen sich gut für Papier, da sie aus besonders langen, aber fast unverholzten und damit elastischen Zellen bestehen (s. S. 18). Sie weisen so die nötige Zug- und Bruchfestigkeit auf, die dem Vlies Stabilität verleiht. Dieselben Eigenschaften bedingen auch die Eignung dieser Faserpflanzen zur Herstellung von Textilien. Bereits um 100 n. Chr. wurde in China unter anderem auch aus gebrauchten Stoffen Papier gemacht. Über den arabischen Raum gelangte diese Technik etwa um 1250 nach Italien. Effizientere Methoden führten zu einer beträchtlichen Produktivitätssteigerung, und Papier löste bald das Pergament (s. S. 31), das in Europa die führende Rolle als Beschreibmaterial vom Papyrus übernommen hatte (s. S. 22), weitgehend ab. In Deutschland wurde wohl erstmals ab 1389 in Nürnberg Papier gemacht. Mitte des 15. Jahrhunderts gab es Papiermühlen an mehreren Orten im Rheinland, wie z.B. in Köln, nicht jedoch in Mainz. Italien blieb in Qualität und Quantität der Papierproduktion lange Zeit tonangebend, und auch GUTENBERG bezog das Papier für seine Bibel von dort.

Ausgereifte Papierherstellung im 15. Jahrhundert

Ausgangsmaterialien in der mittelalterlichen Papierherstellung waren verbrauchte Textilien und andere Gewebe, „Lumpen" oder „Hadern" genannt, und damit die Fasern der dafür verwendeten Pflanzen, vornehmlich Hanf und Flachs (s. S. 17). In Halbleinen-Stoffen waren zudem bereits damals die Samenhaare der Baumwolle (*Gossypium herbaceum*) als Beimengung üblich.

Ein erster Zerkleinerungsprozeß fand an Hadernschneidtischen mit aufrechten Messern statt, an denen die Lumpen zu kleinen Stücken zerrissen wurden. Um beim Stampfen das Trennen und Defibrillieren der Fäden zu erleichtern, wurden diese Fetzen zunächst einem Fäulnisprozeß unterworfen. Häufig wurde dem Wasser dabei Kalk zugegeben, was die Aufweichung der Gewebe förderte und die Vergilbung durch die

Abb. 6 Hadernstampfwerk (Nachbau)

Fäulnis einschränkte. Als Nebeneffekt dieser Methode ist eine hohe Alterungsbeständigkeit zu beobachten, da Kalkreste im Papier als Puffer gegen Säureeinflüsse wirken, beispielsweise durch den Alaun enthaltenden Buchbinderleim. Frühe Zellulose-Papiere des ausgehenden 19. Jahrhunderts sind heute zumeist in schlechterem Zustand als mittelalterliche Papiere.

Das durch Wasserkraft betriebene Stampfwerk bestand aus einer Folge von Trögen mit eiserner Grundplatte, in denen die Faserreste unter Wasserzusatz durch verschiedene Hämmer zunehmend feiner zerkleinert wurden (Abb. 6). Mit groben, scharf geschliffenen Nägeln beschuhte Hämmer lösten den Gewebeverband auf, Defibrillieren der Fäden und Quetschen der Fasern erfolgte durch Hämmer mit stumpferem und abschließend ganz ohne Beschlag. Die Fasern wurden dabei kaum der Länge nach geschnitten, woraus die hohe Festigkeit der Papiere dieser Periode resultiert. Teilgestampfte Hadern bezeichnete man als „Halbzeug", zum Schöpfen bereite Fasern als „Ganzzeug". Die Folge mehrerer Bearbeitungsschritte an einem Gerät machte einen hohen Stoffdurchsatz möglich.

Der charakteristischste Arbeitsgang in der Papierherstellung war die abgestimmte Arbeit von drei Personen beim Schöpfen, wodurch eine dem Stoffdurchsatz des Stampfwerks entsprechende Produktionsleistung erreicht werden konnte (Abb. 7). Schöpfwerkzeuge waren zwei identische, abwechselnd verwendete Drahtsiebe und ein Rahmen, der die geschöpften Fasern auf dem Sieb hielt. Auf die Schöpfsiebe aufgebrachte Drahtfiguren ergaben entsprechende Wasserzeichen in den fertigen Papierbogen. Für den Zusammenhalt der Faserstücke war das kunstfertige Schütteln des Schöpfsiebs durch den Büttgesellen wichtig, um die nötige Verfilzung zu erreichen. Der Gautscher erhielt dann das Sieb vom Büttgesellen und preßte den Bogen auf einen feuchten Filz ab. Nachdem ein abwechselnd aus Filzen und Papierbögen bestehender Stapel (Pauscht) mittels einer Spindelpresse entwässert worden war, trennte ein weiterer Geselle, der Leger, die Papierbögen von den Filzen. Zu den drei Handwerkern kam noch ein Lehrling, der für den Nachschub des Ganzzeugs in die Bütte, das Verbringen der fertigen Bögen auf den Trockenboden und sonstige Handreichungen verantwortlich war.

Abb. 7 Schöpfer, Gautscher und Leger bei der Arbeit (aus dem „Curiösen Spiegel" von E. Porzelius, Nürnberg 1689)

Nach der Trocknung auf Leinen oder Stangen ergaben sich wellige Bögen mit den Eigenschaften heutigen Löschpapiers. Um Schreibpapier zu erhalten, tauchte man die Bögen in einen dünnflüssigen, vor allem aus Hautresten (Gerbereiabfällen) gekochten Tierleim. Die Zwischenräume zwischen den verfilzten Fasern füllten sich mit dem Leim, so daß nach erneutem Trocknen das Papier nicht nur höhere Festigkeit zeigte, sondern Tinte und Farben an der Oberfläche haften und nicht ins Papier einsickern konnten. Für die Haftung der zähflüssigen Druckerschwärze erwies sich allerdings schwächer geleimtes oder sogar ungeleimtes Papier als geeigneter. Der Buchbinder übernahm in diesem Falle die Leimbehandlung des bereits bedruckten Papiers (s. S. 34). Die Glättung der Papierbögen erfolgte von Hand. Man verwendete dafür bevorzugt einen entsprechend zugeschliffenen und polierten Achatstein wegen seiner besonders glatten Oberfläche.

Abb. 8 Lumpensammler

Vom Hadernpapier zum Zellstoff

Die sprunghafte Zunahme der Buchproduktion durch Gutenbergs Erfindung ließ den Bedarf an Lumpen bald extrem ansteigen. Das Sammeln der Lumpen (Abb. 8) wurde vielerorts als Privileg vergeben, die Hadern mit Exportverboten belegt. Obwohl das Papierhandwerk durch eine vier Jahrhunderte dauernde Periode permanenter Rohstoffknappheit ging, suchte man erst im 18. Jahrhundert ernsthaft nach Ersatzgrundstoffen. Der Regensburger Biologe Jacob Christian Schäffer begann 1760 mit Versuchen, Papier aus Stroh, Tannenzapfen, Torf und zahlreichen anderen pflanzlichen Ausgangsmaterialien, aber auch aus anderen faserartigen Substanzen wie Asbest herzustellen. Eine Wiederverwertung von Altpapier wurde erstmals um 1775 erprobt. Die Verwendung von Holz als Grundstoff war bereits 1719 durch den Zoologen René Antoine Réaumur vorgeschlagen worden, angeregt durch die Beobachtung von Wespen, welche die papierartige Substanz ihrer Nester durch Verfilzen kleiner Holzteile herstellen. Papiere aus Sägespänen und später aus Holzschliff erreichten aber keine hohe Qualität, da die Fasern durch den hohen Lignin-Anteil nicht elastisch genug waren. Ein Durchbruch wurde erst Mitte des 19. Jahrhunderts erreicht, als es gelang, durch chemischen Aufschluß das Lignin aus Holz zu entfernen und so einen aus fast reiner Cellulose bestehenden Faserstoff zu gewinnen. Zellstoff löste nun rasch die Lumpen, die den Bedarf nicht mehr decken konnten, als Papierrohstoff ab.

Von der Faser zum Faden

Flachsverarbeitung und Seilerarbeit im Mittelalter

Threads and strings keep the book pages together. The threads were used to fix the sheets to several strings running across the back of the book. This process formed the book block which was later connected to the book cover. The raw materials for threads and strings were the fibers of hemp (*Cannabis sativa*) or flax (*Linum usitatissimum*). These plants have been cultivated and used by man as a source of fibers since the Stone Age. Fibers constitute bundles of long, spindle-shaped cells with thick cell walls which serve to give stability to the plant stem. In hemp and flax, they are particularly long and flexible and thus resistant to breaking as well as tearing.

To extract the fibers from ripe flax plants, the plant tissue had to be broken down. Before that, the seed capsules were removed to be used for the extraction of linseed oil. The plant stems were then soaked in water for an extended period, undergoing a fermentation process. This disrupted the cohesion of the cells. Subsequent drying, breaking and swingling detached the fibers from the other stem parts. Finally, the fibers were drawn over a board of nails, the hatchel, to straighten them and align them with each other. Thus arranged and rid of other plant tissue, the fibers were spun to threads with a hand-operated spindle or worked immediately into strings and ropes by the rope maker.

Fäden und Schnüre halten die Buchseiten zusammen. Mit den Fäden werden die gefalteten Bögen zum Buchblock geheftet. Die Schnüre werden an der Rückseite des Buches zu Bünden verarbeitet. Gemeinsam mit dem Bucheinband geben sie dem Buch den nötigen Halt. Ausgangsmaterial für Fäden und Schnüre sind die Fasern von Hanf (*Cannabis sativa*) oder Flachs (*Linum usitatissimum*) (Abb. 9).

Fasern liefernde Pflanzen

Schon sehr früh haben die Menschen erkannt, daß sich Pflanzenteile zu verschiedenartigen Geweben verarbeiten lassen. Besonders weit verbreitet war die Verwendung der Fasern von Hanf und Flachs. Bereits aus der Steinzeit belegen viele Funde die frühe Nutzung.

Im Spätmittelalter lagen die Hauptanbauzentren von Hanf im Baltikum, in Norddeutschland, den Niederlanden und im Burgund. Die Hanffaser wurde wegen ihrer großen Reißfestigkeit vor allem zur Herstellung von Tauen, Säcken und Segeltuch verwendet. Aus dem etwas feineren Flachs oder Lein stellte man Garne und Zwirne her, die überwiegend zu Kleidungsstoffen weiterverarbeitet wurden. Die ältesten Nachrichten über die deutsche Leinenindustrie stammen aus

Abb. 9 Hanfpflanze (links), Flachspflanze (rechts)

Schlesien, weitere Zentren lagen in Westfalen und Süddeutschland. In der Mainzer Region wurde Flachs im Rheingau, in der Nähe des heutigen Hallgarten, angebaut. Flachshandel war in Mainz üblich, die Namen „Flachsmarkt" und „Flachsmarktstraße" zeugen davon.

Aufbau der Faserpflanzen

In den Sproßachsen der Landpflanzen finden sich Festigungsgewebe, die ihnen Widerstandsfähigkeit und Stützkraft verleihen. Eine Art von Festigungsgewebe ist das Sklerenchym (Hartgewebe), das gewöhnlich in Form von spindelförmigen, toten Zellen mit stark verdickten Zellwänden vorliegt, die zu Bündeln angeordnet sind (Abb. 10). Häufig ist in die Zellwände Lignin (Holzstoff) eingelagert, was die Stengel besonders robust macht.

Bei den vom Menschen genutzten Faserpflanzen, wie Hanf und Flachs, zeichnen sich die Sklerenchymbündel durch besonders lange (bis 6 cm), aber schwach oder gar nicht verholzte Zellen aus. Die Fasern sind dadurch elastisch und sowohl bruch- als auch sehr zugfest. Der Mensch macht sich diese Eigenschaften zunutze, indem er die Fasern aus den Pflanzenstengeln isoliert.

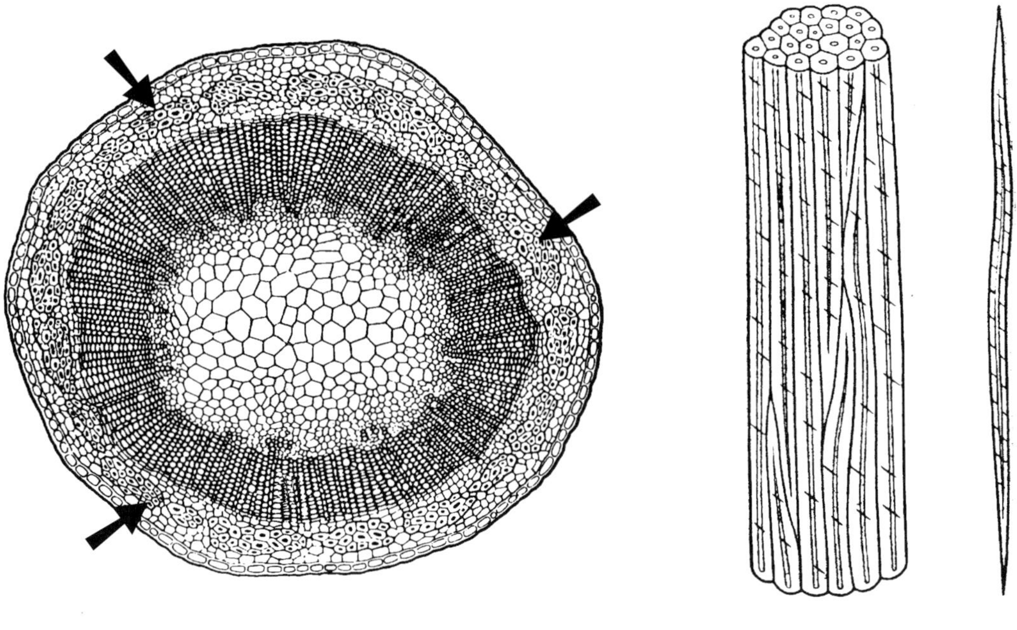

Abb. 10 Querschnitt durch einen Flachsstengel mit Sklerenchymbündeln (Pfeile), einzelnes Sklerenchymbündel in Längsansicht, isolierte Sklerenchymzelle (von links)

Abb. 11 Streffe (links oben), Flachsbreche (links unten), verschiedene Schwingmesser mit Schwingbrettern (rechts oben), Hechel (rechts unten)

Gewinnung der Flachsfasern

Nach der Ernte und Trocknung der reifen Flachspflanzen wurden die Samenkapseln durch das „Streffen" (auch „Riffeln" genannt), ein Durchziehen durch einen aufrechten Metallkamm (Abb. 11 li. o.), abgetrennt. Aus den Samen wurde Leinöl gewonnen. Die Isolierung der Fasern begann mit dem „Rösten": Die Stengel wurden gewässert und einer Gärung unterworfen. Dadurch wurde eine Trennung der Zellen voneinander bewirkt. Man unterschied die „Wasserröste" im stehenden Gewässer von der „Tauröste" auf Wiesen und Feldern. Die folgende erneute Trocknung erfolgte je nach lokaler Tradition an der Luft oder über Feuer und Rauch und machte die Stengel brüchig für die mechanische Trennung der Fasern vom übrigen Gewebe. Im ersten Schritt verwendete man hierfür eine Flachsbreche (Abb. 11 li. u.), um die Stengel zu zerdrücken und den Zusammenhalt der Gewebe aufzulösen. Beim anschließenden „Schwingen" wurde mit dem Schwingmesser (Abb. 11 re. o.) über den auf das Schwingbrett gehaltenen Flachs gestrichen, die zerbrochenen Stengelteile wurden dabei von den Fasern getrennt. Die freigelegten Faserbündel wurden zum Schluß ausgekämmt. Man zog sie über eine Art Nagelbrett, die „Hechel" (Abb. 11 re. u.), um die Fasern parallel auszurichten und Reste übriger Gewebe zu entfernen. Auch wurden kürzere Fasern als „Werg" ausgeschieden. Waren die Fasern für feineres Gewebe gedacht, so mußte das Hecheln häufiger wiederholt werden.

Abb. 12 Seiler bei der Arbeit (ca. 1425)

Die geordneten und gereinigten Fasern konnten dann zu einem Faden versponnen werden. Diese Arbeit wurde im Mittelalter in der Hauptsache in Heimarbeit bei den Bauern verrichtet, die die Faserpflanzen anbauten. Die Weiterverarbeitung zu Seilerwerk oder Geweben oblag den zuständigen Handwerkern, den Seilern oder Webern.

Herstellung der Fäden und Seile durch den Seiler

Schweres Seilerwerk wie starke Seile oder Schiffstaue wurde von den Reepschlägern oder Reepern in den Küstenstädten an Nord- und Ostsee hergestellt. Kurze und dünnere Seile stellten die Seiler im Binnenland her. Seit dem 12. Jahrhundert ist das Seilerhandwerk belegt. Erste Seilerzünfte bildeten sich 1378 in Freiburg und 1414 in Köln, doch blieben die Seiler ein kleines Handwerk. In Frankfurt a. M. zählte man 1387 gerade 5 Seiler, in Mainz waren es noch weniger. Daher schlossen sich die Seiler auch mit anderen Handwerkern zusammen. Aus diesem Grunde finden sich wenig detaillierte Überlieferungen über die Seilerzunft.

Wichtigstes Handwerksgerät des Seilers war das Seilerrad, das aus einem Vorder- und Hinterrad bestand. Das Vorderrad wurde zur Herstellung einzelner Fäden benutzt. Der Seiler legte sich die Hanf- oder Flachsfasern um die Hüfte oder in eine Schürze. Ein Faserende wurde in einen Spinnhaken am Seilerrad eingehängt. Ein Gehilfe oder Tagelöhner drehte das Rad, während der Seiler rückwärtsgehend und bei gleichmäßiger Faserzugabe den Faden drehte oder spann (Abb. 12). Sollte eine Schnur entstehen, wurden mehrere Fäden hergestellt, an einem Steckbrett befestigt und anschließend mittels des zweiten Rades (Hinterrad) miteinander verdreht.

Die Gehstrecke, die der Seiler bei seiner Tätigkeit benutzte, wurde Seiler- oder Reeperbahn genannt, wobei die Reeperbahnen bis zu 300 m, die Seilerbahnen dagegen nur bis zu 50 m lang waren. In allen mittelalterlichen Städten war der Gang hinter der Stadtmauer oder der Wehrgang dazu am besten geeignet. Seilerstraßen folgten daher meistens dem Lauf der Stadtbefestigung. Dies war auch in Mainz der Fall. Die Seiler waren in der heutigen Rotekopfgasse, parallel zur heutigen Seilergasse, angesiedelt, unweit davon verlief die Stadtmauer.

Buchmalerei und Druckerschwärze

Farbe in handgeschriebenen und gedruckten Büchern

In the scriptoria of monasteries, book illustration, as a main part of „copying", i.e. the reproduction by hand, had developed over the centuries into an art that reached its height in the Middle Ages. Scribes travelled to other monasteries and spent weeks and months to copy precious books present there. Writing was done on parchment during this period, which was gradually replaced by paper from the 13th century on. Creation and application of inks and coulors was based on ancient traditions that were constantly improved. The procedures and application techniques were passed on from one generation to the next and recorded in workbooks. For the script, black inks containing extracts of sloe thorns, soot or iron compounds were used. Printers' ink made of lamp soot, varnish and other ingredients was developed by early book printers, its exact composition is still unknown. The production of coulors differed from one painting school to another. The couloring agents were either soluble coulors or insoluble pigments. These could be obtained from plants, animals or minerals. Some of them, like verdigris, were artificially produced by elaborate methods. Couloring agents were used either in pure form or as mixtures. To fixate them on the paper or parchment, binders were added such as egg white, cherry or plum extract, as well as glue made from parchment or the air bladder of sturgeons.

Die Vorgeschichte: Das Scriptorium

Bis zum 12. Jahrhundert wurden Bücher überwiegend in den Klöstern vervielfältigt. Dies geschah in den als Scriptorien bezeichneten Schreibstuben, die zumeist zu den ganz wenigen beheizbaren Räumen eines Klosters zählten. Eine besondere Rolle spielte hier die Buchmalerei: Die künstlerische Ausgestaltung der mit der Hand kopierten, also abgeschriebenen, Bücher.

Häufig suchten Mönche die Klöster auf, in denen die gewünschten Handschriften vorhanden waren, um diese vor Ort im Scriptorium abzuschreiben. Sie verbrachten dort dann Wochen und Monate, bis die Arbeit an einer Handschrift beendet war. Den Schreibern oblag auch der Zuschnitt der Rohpergamentstücke auf das gewünschte Seitenformat des zu schreibenden Buches, und zwar als großformatige Doppelblätter. Danach war der Schriftspiegel als rechteckiges Feld mit einem „Blei-Stift" festzulegen. Die Eckpunkte wurden dann auf die andere Doppelseite durchgestochen, um dort einen deckungsgleichen Schreibrahmen einzeichnen zu können. Danach wurden die Seiten mit Bleistift oder blasser Tinte in gleichbleibendem Zeilenabstand liniert. In großen Scriptorien waren neben den Schreibern eigene Korrektoren beschäftigt, die Fehler markierten. Auf dem mehrschichtigen Pergament konnten die Fehler durch Abschaben mit dem Federmesser korrigiert werden. Die abgeschabten Stellen wurden poliert und wieder beschrieben. Umfangreichere Auslassungen wurden am Fuß der Seite ergänzt. Auf diese wurde durch ein Zeichen am Textrand (z.B. ein gemalter Finger) hingewiesen.

Auch die Buchmaler waren im Scriptorium tätig. Wenn ein Kloster keine eigenen Buchmaler besaß, wurde das Ausmalen in einem Kloster mit berühmter Malschule ausgeführt. In der Hierarchie der Künste standen die Schreiber, die eine geistige Tätigkeit ausübten, über den handwerklich tätigen Malern.

Abb. 13 Farbmittel in der Buchmalerei (1): Ruß, Bleiweiß (basisches Bleicarbonat), Lazur (aus Lapislazuli), Azurit (von links)

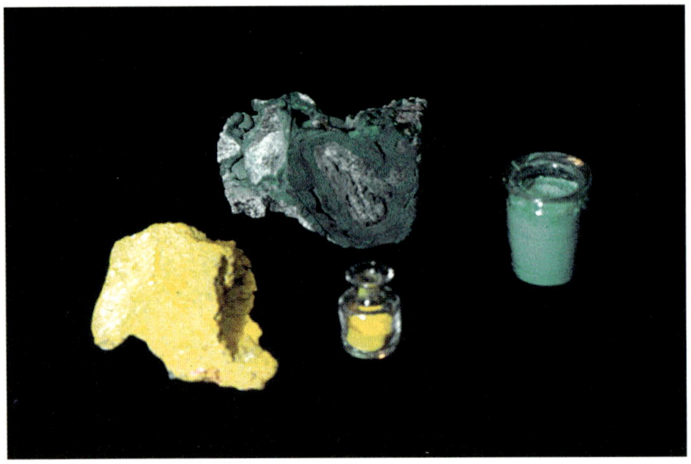

Abb. 14 Farbmittel in der Buchmalerei (2): Auripigment (gelb), Malachit (grün)

Im späten Mittelalter entwickelte sich das Vervielfältigen von Büchern zu einem Expansionszweig und war von den Nonnen und Mönchen allein nicht mehr zu bewältigen. An dem zunehmenden Schrifttum waren jetzt breitere Bevölkerungsschichten interessiert. Der Kreis der Kopisten erweiterte sich auf Notare, Berufsschreiber, Schüler, Studenten und Lehrer, es entstanden hierzu eigene Werkstätten. An den Universitäten des 13. und 14. Jahrhunderts verwaltete ein vereidigter Stationarius die zum Abschreiben ausleihbaren Bücher. Die benötigten Ausgangsmaterialien für das Ausmalen der Bücher waren teilweise in der Officin der Apotheken vorrätig.

Beschreib- und Schreibmaterialien

Im Altertum hatte zunächst der Papyrus (s. S. 13) als Beschreibmaterial, in Rollenform aufbewahrt, gedient. Die Ptolemäer hatten auf dieser Basis in Alexandria die größte Bibliothek des Altertums aufgebaut. Sie besaßen das Monopol für das Beschreibmaterial und versuchten natürlich, sich dieses zu sichern. König Eumenes II von Pergamon ließ nach einem anderen, geeigneten Beschreibmaterial suchen, um eine große Konkurrenzbibliothek aufzubauen. Dieser Ersatz wurde in der gekalkten Tierhaut gefunden, deren heutiger Name sich offenbar von der Stadt Pergamon ableitet. Im 4. Jahrhundert löste „Pergament" den Papyrus als Beschreibmaterial ab. Erst knapp tausend Jahre später, im 13. Jahrhundert, begann das aus dem arabischen Kulturkreis übernommene Papier (s. S. 14) im Abendland das Pergament als Massenware für das Beschreiben und Bedrucken zu ersetzen.

Als Schreib- und Zeichenwerkzeuge verwendete man Gänsefedern, deren Spitzen kunstvoll zugeschnitzt werden mußten. Rinderhörner dienten als „Tintenhörner". Aufgrund ihrer konisch zulaufenden Form konnte auch der letzte Rest Tinte in ihnen genutzt werden.

Tinten und Farben in der Buchmalerei

Zur Illumination der Bücher standen zunächst Tinten unterschiedlichster Herkunft und Farben, die nach geheimgehaltenen Rezepturen hergestellt wurden, im Vordergrund. Die Mönche benutzten Tinten, die beispielsweise aus der Rinde von Weißdorn oder Schlehen gewonnen wurden (Dornentinten). In Wein gelöst entstand aus einem solchen Extrakt eine bräunliche, sehr beständige Tinte. Eine schwärzere Farbe ergaben rußhaltige Tinten, die aber feuchtigkeitsempfindlich waren, und Eisen-Gallus-Tinten. Letztere bestanden vorwiegend aus Eisen- oder Kupfersalzen und Gerbstoffen aus Pflanzengallen; sie können bis heute in Papier oder Pergament den gefürchteten „Tintenfraß" verursachen.

Abweichend wurden zur Auszeichnung und zum Hervorheben von Initialen, Wörtern, Überschriften oder Zeilen bereits in Ägypten rote Auszeichnungstinten (*Rubrica*) und blaue, grüne sowie selten gelbe Tinten verwendet (Abb. 17). Hieraus leitet sich auch der Begriff des Rubrizierens oder Rotmachens ab: Bei den Römern erfolgte dies mit Tinten aus Mennige (ziegelrot) und später aus Zinnober (tiefrot). GUTENBERG hatte zunächst versucht, diesen Arbeitsschritt durch Rotdruck in den Druckprozeß zu integrieren (auf den Bibelseiten 1, 4, 5, 129 und 130), dies jedoch später aufgegeben. Daher wurde dieser Arbeitsgang wieder von Rubrikatoren, die einen eigenen Berufsstand bildeten, übernommen. Die Exemplare der B 42 in München und Wien enthalten noch die vollständige *Tabula Rubricarum* mit den genauen Hinweisen, an welchen Stellen im Text Auszeichnungen in Rot vorzunehmen sind. Häufig wurde der Rubrikator auch auf der letzten Seite eines Buches namentlich genannt.

Besonders wertvolle Textanfänge, Textteile oder ganze Texte wurden mit Gold- und Silbertinte geschrieben. Eine weitere Betonung des Handschriftenwertes erfolgte durch die Verwendung von pupurfarbenem Untergrund oder von Blattsilber und Blattgold.

Die Buchmaler mußten ihre Farben bis in die spätromanische Zeit selbst herstellen. Dazu waren die Farbmittel zu feinstem Pulver zu vermahlen. Sie wurden mit einem Mahlstein, Läufer genannt, unter dem Druck beider Hände auf einer Steinplatte hin und her gerieben. Das so gewonnene Farbpulver wurde anschließend mit etwas Wasser und Bindemitteln angerührt, die dem Zweck dienten, die Farbmittel auf dem Beschreibstoff zu fixieren.

Die Werkstoffe für die Buchmalerei waren Farbmittel aus löslichen Farbstoffen und unlöslichen Pigmenten, z.B.:

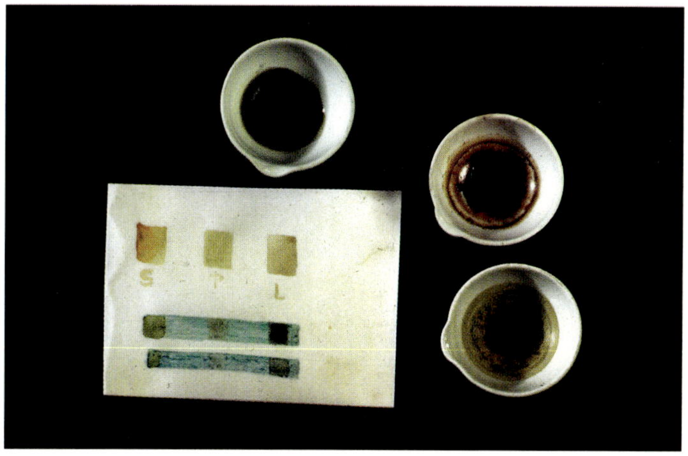

Abb. 15 Extrakte von Lauch, Schwertlilie und Petersilie (von links) und ihre Verwendung zur Schattierung von Grünspangrün

1. Anorganische Farbmittel (Abb. 13 und 14).
   Lapislazuli: pulverisiert und gereinigt, natürliches Ultramarin (Lazur)
   Malachitgrün: pulverisierter und gereinigter Malachit, auch „Berggrün" oder „Schiffgrün" genannt
   Grünspangrün: Basisches Kupferacetat (Grünspan) wurde durch Einwirkung von Essig auf Kupferplatten unter sorgfältig gewählten Bedingungen erzeugt.
   Zinnober: in natürlichen Vorkommen in Spanien abgebaut oder künstlich hergestellt
2. Organische Farbmittel tierischer oder pflanzlicher Herkunft (Abb. 15).
   Purpur: aus einem farblosen Sekret bestimmter Schnecken des Mittelmeeres (Purpurschnecken, Gattungen *Bolinus, Hexaplex, Murex*) gewonnener Farbstoff, dem Indigo verwandt. Er entsteht durch Sonnenlichteinwirkung in den Farbtönen Rot bis Violett. Für die Herstellung von 1,2 kg kristallinem Purpur werden ca. 10.000 Schnecken benötigt. Purpur ist nur zum Färben, nicht zum Malen geeignet.
   Safran: wird zur Herstellung einer goldähnlichen Tinte aus den getrockneten Blütennarben des Safran (*Crocus sativus*) mit Wasser ausgezogen und nach spätantiken Anweisungen mit Galle vermischt.
3. Mischpigmente aus den unter 1. und 2. genannten Materialien.
   Vergaut: Überbegriff für verschiedene grüne Mischfarben, z.B. aus Auripigment und Lazur (graues Olivgrün) oder Grünspan und Indigo (dunkles Seegrün).

Abb. 16 Bindemittel in der Buchmalerei: Pergamentreste, Kirschgummi, Streifen der Schwimmblase des Störs, Eiweiß (von links)

Als Bindemittel waren Eiweiß, Kirsch- oder Pflaumengummi und Leim aus Pergament oder der getrockneten Schwimmblase des – damals in den heimischen Strömen, auch im Rhein, noch reichlich vorkommenden – Störs (*Acipenser sturio*) in Gebrauch (Abb. 16).

Mit der Erfindung Gutenbergs entstanden anders geartete Bedürfnisse: vorrangig die Herstellung der Druckerschwärze in gleichbleibender Zusammensetzung und Qualität sowie in großer Menge. Druckfarben bestanden aus Farbmitteln, d.h. Pigmenten oder Farbstoffen (s.o.) und Lösungen von Naturharzen in leichtflüchtigen Lösungsmitteln als Bindemittel. Die Konsistenz der Druckerschwärze war durch die Art des Druckens und der Bedruckstoffe bedingt, doch mußte sie wesentlich zähflüssiger als Schreibtinte sein, um an der Oberfläche der Lettern haften zu können. Die genaue Zusammensetzung von Gutenbergs Druckfarbe ist nicht bekannt, sie enthielt wohl unter anderem Lampenruß als Farb- und Firniß als Bindemittel.

Die Ausmalung der – nun gedruckten – Bücher erfolgte zunächst wie zuvor von Hand und war daher sehr zeitaufwendig und also auch sehr kostspielig.

Die Kenntnisse zur Herstellung der Ausgangsmaterialien Tinten, Farben und Pergament wurden in den Traktaten, Werkstatt- oder Musterbüchern der Scriptorien in lateinischer Sprache überliefert. Diese Quellen sind mit Kochrezepten oder Rezeptbüchern zu vergleichen, die laufend fortgeschrieben wurden und nur vom Eingeweihten zu nutzen waren. Als bedeutendste früh- und hochmittelalterliche Materialiensammlung gilt die um 800 entstandene Handschrift *Lucca Compositiones ad tingenda musiva*, eine Sammlung der Kenntnisse über Farb- und Bindemittel, deren Gewinnung und Herstellung sowie die Anleitung zum Malen. Auch Erfahrungen aus der Praxis wurden hier festgehalten. Beispiele für die Umsetzung der dort aufgezeichneten Anweisungen sind verschiedentlich überliefert worden, so z.B. bei Malereien aus dem Göttinger Musterbuch (15. Jahrhundert) und der Göttinger Gutenberg-Bibel in der Form von Ranken. Diese gilt als eines der am schönsten illuminierten Exemplare.

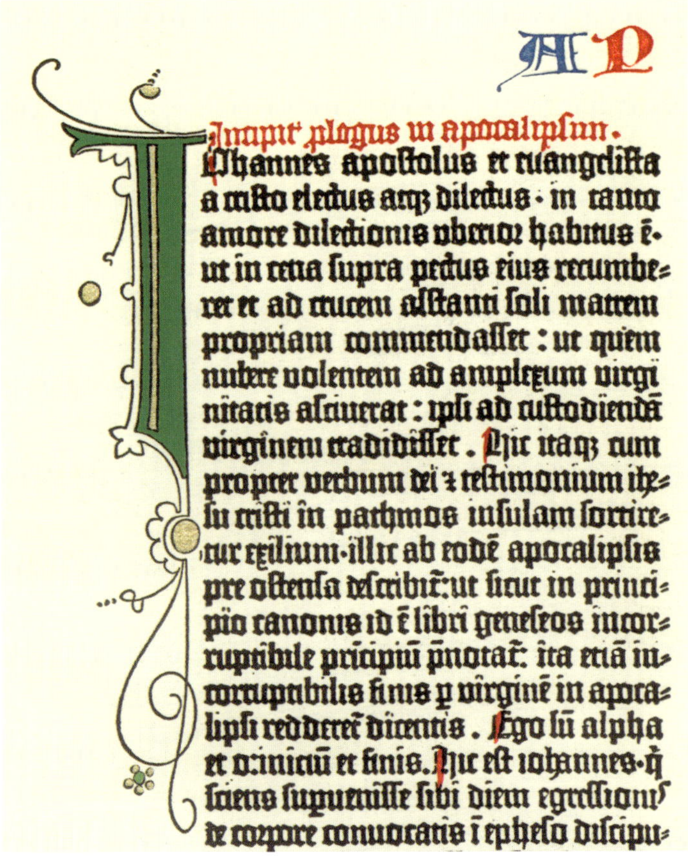
AP
Incipit plogus in apocalipsim.
Iohannes apostolus et euangelista
a cristo electus atq dilectus · in tanto
amore dilectionis uberiori habitus ē·
ut in cena supra pectus eius recumbe-
ret et ad crucem assistenti soli matrem
propriam commendasset : ut quem
nubere volentem ad amplexum virgi
nitatis asciuerat : ipsi ad custodiendā
virginem tradidisset . Hic itaq cum
propter verbum dei et testimonium ihe-
su cristi in pathmos insulam sortire-
tur exilium · illic ab eodē apocalipsis
pre ostensa describitur: ut sicut in princi-
pio canonis id ē libri geneseos incor-
ruptibile pricipiū pnotatur: ita etiā in-
corruptibilis finis p virginē in apoca-
lipsi redderetur dicentis . Ego sū alpha
et o: initiū et finis. Hic est iohannes· q
sciens superuenisse sibi diem egressionis
de corpore conuocatis i epheso discipu-

Abb. 17 Initiale vom Beginn der Offenbarung des Johannes in der Gutenberg-Bibel; im Text sind Rubrizierungen zu sehen (Nachdruck nach Originalvorlage)

Holz gibt Halt

Holzhandel und Holzverarbeitung

In Gutenberg´s time, books were a valuable commodity. Whoever commissioned the binding of a book wanted to protect it and emphasize its value by the design of the cover. Based on personal financial abilities, book covers received more or less elaborate decorations. The back and front covers were cut out of boards of oak or beech wood in the desired size and planed down. To prevent warping of the wood under changing humidity conditions, holes were drilled into the covers or strips of a softer wood type were worked in. To enable the bookbinder to later attach the covers to the book block, corresponding slits or holes for the attachment of the strings were created.

As book-binding had developed in a monastic environment where all steps towards the creation of a book were done in the same place, book-binders during the early time of printing were still able to make the book covers by themselves. There´s little information whether the wooden covers were generally produced by book-binders or commissioned with carpenters in this time. The organization of manufacturers in guilds had already led to a distinction of wood-processing into several trades with well-defined rights and obligatory working tools. Carpenters entitled to produce furniture using ax, plane and glue may have manufactured book covers as a subsidiary occupation.

Buchdeckel

Schriften, die zu Büchern gebunden wurden, waren kostbar. Wer den Auftrag zum Binden eines Buches gab, wollte es durch einen Einband schützen und seinen Wert hervorheben. Je nach den finanziellen Möglichkeiten wurden die Bucheinbände mehr oder weniger aufwendig gestaltet. Stabilität erhielt der Einband durch die Buchdeckel. Sie wurden im allgemeinen aus Eichen- oder Buchenholz gefertigt, welches die am leichtesten verfügbaren Harthölzer waren. Man schnitt sie in gewünschter Größe aus Brettern, ihre Flächen wurden mit dem Hobel geglättet, die Innenkanten oft zusätzlich abgeschrägt.

Damit der Buchbinder die Deckel an den Buchblock ansetzen und mit ihm verbinden konnte, wurden Löcher in die Deckel gebohrt sowie mit dem Stecheisen Schlitze ausgehoben. So war es möglich, die Enden der beim Heften eingearbeiteten Bünde durch die Löcher zu ziehen und mit Weichholzstücken im Deckel zu verkeilen (Abb. 21). Nageln und Verleimen waren andere Befestigungsmöglichkeiten. Damit sich der Holzdeckel nicht verzog, wurden weitere Löcher in die Fläche der Deckel gebohrt oder Gratleisten und Keile aus Weichholz eingearbeitet. Durch das Anbringen von Schließen konnte ebenfalls einem Verziehen des Holzes entgegengewirkt werden. Um Schließen und Verzierungen anbringen zu können, wurden die Buchdeckel mit entsprechenden Einkerbungen versehen. Schmuckwerk konnte aber auch nur aufgenagelt werden.

Abb. 18 Teil eines Querschnitts durch einen Baumstamm

Holz

Bäume liefern den Rohstoff Holz. Ihre Stämme bestehen aus Kern- und Splintholz sowie einer Bastschicht und der Rinde oder Borke (Abb. 18). Die Rinde bzw. Borke schließt den Baum nach außen ab. In Teilen der Bastschicht werden Nährstoffe transportiert. Die äußeren, jüngeren Holzschichten des Baumes, das Splintholz, dienen der Leitung von Wasser. Die älteren, inneren Schichten, die kein Wasser mehr transportieren, bilden das Kernholz. Dieses ist dank abgelagerter Stoffe in den Zellen widerstandsfähiger gegen Fäulnis. Zur Herstellung wertvollerer Produkte nutzte das Handwerk vor allem das harte Kernholz der Bäume.

Als „lebendiger" Werkstoff muß Holz generell vor der Bearbeitung sachgerecht gelagert werden, damit die in ihm enthaltene Holzfeuchte langsam und ausreichend entweichen kann. Bäume enthalten bis zu 60 % freies Wasser in den Zellen und gebundenes Wasser in den Zellwänden. Ist ein Baum gefällt und geschnitten, verdunstet das freie Wasser im Verlauf des natürlichen Trocknens bis auf 30 % Holzfeuchte. Unterhalb dieses Gehaltes beginnt das gebundene Wasser zu verdunsten, bis das Gleichgewicht zwischen dem eigenen Feuchtigkeitsgehalt und dem der Atmosphäre erreicht ist. Holz paßt sich also der Luftfeuchtigkeit an. Hat es mehr Feuchtigkeit als die umgebende Luft, gibt es diese ab. Ist es trockener als die Luft, nimmt es Feuchtigkeit auf. Hierbei kann es sein Volumen verändern, es kann schwinden oder quellen: „Das Holz arbeitet". Aus diesem Grunde wurden hölzerne Werkstoffe, bei denen Formkonstanz von Bedeutung war, kassetiert oder verkeilt.

Holzhandel

Schon vor dem 15. Jahrhundert war Mainz dank des Holzhandels mit Holland ein überregional bedeutender Holzmarkt, an dem sowohl der Holzhandel als auch die Holzverarbeitung eine beachtliche Rolle spielten. Seit 1332 durften Brennholz und Kohlen nicht gegen den Willen der Stadt an Mainz vorbei geführt werden. 1355 kam das Monopol für Floß- und Zimmerholz hinzu. Mainz besaß somit ein umfangreiches Stapelrecht (s. auch Abb. 32, S. 38). Dies sicherte der Stadt beachtliche Einnahmen, denn alles Holz, das den Rhein oder Main abwärts geflößt wurde, mußte in Mainz aus- bzw. umgeladen werden. Das Holz wurde für mindestens zwei Tage gestapelt. Mit dem Holzmarkt am Holztor stand ein entsprechender Umschlagplatz zur Verfügung. Noch heute ist das Holztor neben anderen Resten der ehemaligen Stadtmauer zu sehen. Auch Straßen- und Platzbezeichnungen wie „Holzstraße" und „Holzhof" verweisen auf den vormals bedeutenden Holzhandelsplatz.

Das Stapelrecht ermöglichte der Stadt Mainz auch, den mit der Entwicklung der Stadt stetig wachsenden Bedarf an Holz zu decken. Ein Großteil des Holzes wurde in Mainz zu Balken und Brettern verarbeitet und rheinabwärts weiterverkauft. Mainzer Bretter und Mainzer Borten waren damals bekannte Artikel.

Die Holzlieferanten verkauften nur an Holzhändler, die auf Vorrat kaufen durften, oder direkt an die Endverbraucher, die das Holz bei Erteilung des Auftrages an die Handwerker lieferten. Die Holzhandwerker, also die Zimmerleute, Kistler, Schreiner und Holzknechte, profitierten vom regen Holzhandel und waren zugleich auf ihn angewiesen. Ihnen war es untersagt, Holz in größeren Mengen zu kaufen und zu lagern, um zu verhindern, daß durch eine Verquikkung von Handel und Handwerk besondere Vorteile gezogen werden konnten.

Holzhandwerk

Im 15. Jahrhundert waren die Handwerke zunftmäßig organisiert. Die Zunftordnungen schrieben genau vor, welche Arbeiten von den einzelnen Handwerkern ausgeführt und welche Werkzeuge benutzt werden durften.

Auch wenn ihre Anfänge mit dem Beginn des städtischen Lebens zu finden sind, entwickelten sich Kistler (oder Kistener), Schreiner und Tischler doch erst allmählich aus der Zimmerei. Die Zimmerei mit der Axt bildete daher zunächst die Grundlage des Schreinerhandwerks. Im Laufe der Zeit unterschieden sich die holzverarbeitenden Berufsstände zunehmend durch ihre Arbeitsweise, den Gebrauch von Werkzeugen, und durch ihre Erzeugnisse.

Abb. 20 Zimmermann (links) und Schreiner (rechts), Holzschnitte aus „Der beschlossen gart des Rosenkrantz Mariae" (1505)

Abb. 19 Älteste deutsche Darstellung einer Hobelbank (ca. 1425)

Dem Zimmermann war es erlaubt, Holzarbeiten zur Erstellung eines Hauses durchzuführen sowie die darin fest verbundenen Teile, wie etwa an der Wand entlang laufende Bänke, eingebaute Schränke, etc. herzustellen und anzubringen. Zudem fertigte er Großgeräte wie Pflugbäume, Winden und Wasserräder. Sein Werkplatz befand sich immer vor Ort, dort, wo er arbeitete. Sein Werkzeug war die Axt (Abb. 20 links), ab dem 14. Jahrhundert auch die Säge; zur Verbindung der Bauteile dienten Nägel. Kistler, Schreiner und Tischler arbeiteten in eigenen Werkstätten (Abb. 20 rechts). Ihr Handwerk entwickelte sich mit den im Hause beweglichen Gegenständen, dem „Mobiliar". Im frühen Mittelalter war die Einrichtung noch fast ausnahmslos fest mit den Wänden verbunden. Erst später entstanden allmählich freistehende, zur ständigen Einrichtung gehörige Möbel wie Tische, „Schreine" (Schränke), Kisten und Truhen. Neben der Axt und Nägeln durften Kistler, Schreiner und Tischler im Gegensatz zu den Zimmerleuten auch Hobel und Leim benutzen.

Die Werkstatt eines Schreiners war sehr schlicht ausgestattet. Kernstück war die Hobelbank, ein einfacher Tisch mit Löchern und Holzpflöcken zum Fixieren der Werkstücke (Abb. 19). Hobel, Stecheisen, Holzhammer, Säge, Drehbohrer und einfache Zwingen standen als Werkzeuge zur Verfügung. Bis heute haben sich diese Werkzeuge nur wenig verändert.

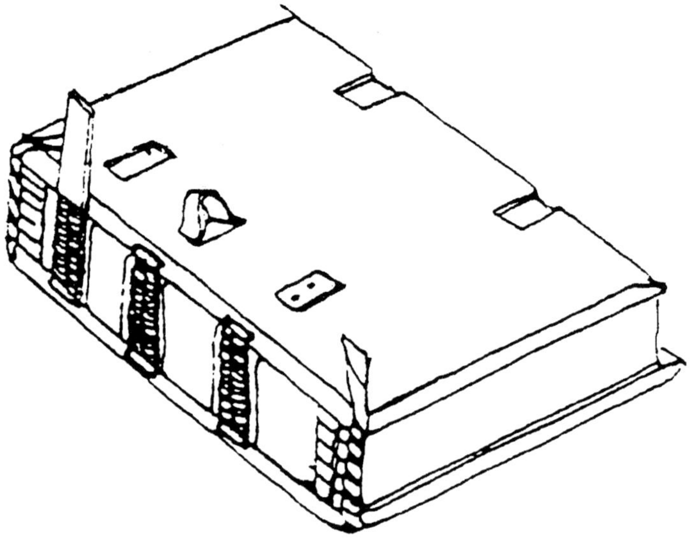

Abb. 21 Der Buchblock wird an den Buchdeckeln befestigt

Schreiner oder Buchbinder ?

Das Buchbinderhandwerk entwickelte sich aus der Tradition der Klöster heraus, wo der gesamte Herstellungsablauf eines Buches vor Ort geschah. Daher konnten Buchbinder zunächst alle zur Herstellung eines Buches notwendigen Arbeiten selbst ausführen. Möglicherweise haben sie in GUTENBERGS Zeit auch die Buchdeckel hergestellt. Andererseits waren die sich im Laufe des Mittelalters auch außerhalb und unabhängig von Kirche und Adel etablierenden Handwerke bemüht, ihre Tätigkeitsfelder auszudehnen. So konnte auch der Schreiner Buchdeckel fertigen. Dies war aber sicherlich eher ein Nebenerwerb für die Schreiner, da ihre Haupttätigkeit der Produktion von Möbeln galt.

Vom Fell zum Leder

Gerberei im Mittelalter

Leather production by tanning serves the purpose of preserving animal pelts. In GUTENBERG's time the pelts of freshly-slaughtered goats, sheep, pigs and cows were washed thoroughly to clear off blood and dirt. To remove the unwanted hairs, the skins were treated with ashes and lime in pits in the ground for 4-6 weeks. This method loosened the skin fibers and facilitated the removal of grease. On the tanning pole, the skin was then depilated, the epidermis was removed and the cutis, rich in connective tissue, was sliced off thinly. In the following actual tanning process, the remaining skin was treated for up to one year in pits filled with water to which oak bark (tan) was added. During this time, the liquid containing tannic acids entered the skin whose protein-rich substances prone to decay were thereby eliminated. The tanners frequently waded through the pits and thus ensured that the skins were treated evenly on all sides. The result was a yellowish-brown leather suitable for the coating of book covers, among other uses.

In contrast, the production of parchment did not involve a tanning process. After removal of hairs, epidermis and cutis as described, the remaining skin layer, the dermis, was fixed by ropes in a wooden frame. Stretching by successive adjustment of the ropes, squeezing out of residual liquid, and sanding produced a smooth surface suitable for writing or printing on it.

Im Mittelalter befanden sich die Gerbereien im Nahbereich größerer Städte, da hier eine ausreichende Zahl von Tierhäuten anfiel. Für die Gerberei zählte die Lage am Rhein und seinen Seitentälern zu den wirtschaftlich günstigen Lagen. Hier waren neben der ausgedehnten Viehzucht gute Wasserverhältnisse und Wald vorhanden. Da dieses Handwerk mit Geruchsbelästigung und Gewässerverschmutzung verbunden war, wurde den Gerbern in der Regel ein Bereich zugewiesen, der außerhalb der Stadt stromab der Wasserentnahmestellen und entlang von Bächen lag. In ihrer Nähe ließen sich häufig auch die Färber, Metzger, Fischer und Schiffer nieder.
Aus dem Mittelalter ist uns die Weißgerbung, bei der hauptsächlich Kali-Alaun verwendet wurde, die Sämisch- oder Fettgerbung (eine Gerbung mit Tranen und tierischen Fetten) und die Rot- oder Lohgerbung, eine rein pflanzliche Gerbung, bekannt. Als wichtigste Gerbart darf dabei die Lohgerbung gelten. In einem bis zu eineinhalb Jahre dauernden Gerbprozeß wurden die Häute in Erdgruben (Gerbgruben) in einem Sud aus Wasser und Lohe, der vom Baum geschälten und feingemahlenen Rinde z.B. von Eiche, Fichte und Birke, gelagert und immer wieder umgeschichtet.

Die Gerbung zu Leder

Zuerst wurden die schlachtfrischen Häute von den Gerbergesellen im Bach durch Waschen von Blut und Schmutz befreit. Dem eigentlichen Gerben, der Umwandlung von Rohhäuten zu Leder, gingen zwei Arbeitsschritte voraus: das Enthaaren und das Entfleischen der Tierhaut.

Zur Haarlockerung wurden die gewaschenen Felle in Gerbgruben eingelegt, deren Wände mit Brettern oder Weidengeflecht stabilisiert waren und auf deren Boden Steinplatten lagen. Der nun beginnende Prozeß, das Einlegen in eine kalkaschehaltige Brühe (eine wäßrige Aufschwemmung von gebranntem Kalk), wird nach alter Überlieferung „Äschern" genannt. Neben der Haarlockerung hatte der Äscher noch die Aufgabe, das Fasergeflecht der Haut aufzulockern und das Hautfett sowie den Inhalt der Talgdrüsen zu emulgieren, damit diese leichter entfernt werden konnten. Die Häute kamen zunächst in einen alten, mehrfach benutzten Äscher, dann in einen oder mehrere jüngere und zuletzt in einen frisch angesetzten Äscher.

Abb. 22 Gerber beim Enthaaren mit dem Haareisen (1473)

Wenn die Haare nach dem beschriebenen Verfahren gelockert waren, erfolgte als erstes das Enthaaren. Auf dem Gerbbaum wurde das gelockerte Haar mit dem Haareisen oder von Hand aus dem Haarkanal herausgedrückt (Abb. 22). Gleichzeitig wurden auch ein Teil des überschüssigen Kalkes, der teilweise durch den Kalk verseifte und emulgierte Drüseninhalt sowie Hautfett und Pigmente möglichst gründlich entfernt. Mit dem Scherdegen, einem dem Haareisen ähnlichen, aber schärferen Messer, schabte man Fett- und Fleischreste von der Hautunterseite ab.

Alle Leder, von denen man einen milden, weichen Griff verlangte, wurden von alters her gebeizt. Bei den alten Verfahren verwendete man Aufgüsse von Hundekot, Hühner- oder Taubenmist. Die Beizwirkung entstand durch die Enzyme, die von den an den Exkrementen angesiedelten Bakterien gebildet werden, und durch die Verdauungsfermente aus dem Pankreas, der Bauchspeicheldrüse.

Bei der anschließenden Lohgerbung, meist mit Eichenrinde, wurde immer die Rinde der Fichte wegen ihres sich selbst entwickelnden Säureanteils mit zugesetzt. Während dieser Gerbung wurde die Haut mit dem Scherdegen immer dünner geschnitten, so daß am Ende nur noch ein Teil der Lederhaut übrigblieb. Die Gerber durchwateten das Gerbbad häufig, damit die abgesetzten Gerbstoffe durch die regelmäßige Bewegung an alle Hautflächen gelangen konnten (Abb. 23). Hierdurch wurde eine gleichmäßige Gerbung gewährleistet. Teilweise wurde zum Ende der Gerbung Urin zugesetzt, der wegen seines Harnstoffanteiles zur Stabilisierung des Gerbbades diente. Abschließend wurde das Leder gefettet und zum Trocknen auf Trockenböden über Böcke oder Stangen gehängt.

Produkte der Lohgerberei waren vorwiegend dikke, strapazierfähige Kalbs- und Rindsleder, die bei der Fertigung von Schuhen als Ober- und Sohlenleder, in der Sattlerei und für Rüstungen Verwendung fanden. Weichere Leder von Ziege und Schaf wurden zu Taschen, Kleidung und Bucheinbänden verarbeitet. Haut- und Lederabfälle wurden dem Leimmacher zur Herstellung von Tierleim übergeben.

In der Regel war die Gerberzunft überall angesehen.

Abb. 23 Durchwaten des Gerbbades – hier in einem Bottich (ca. 1425)

Die Pergamentherstellung

Pergament ist die spanngetrocknete Tierhaut, d.h. die von den Haaren und Fleischresten gereinigte und unter gleichmäßiger Spannung in einem Rahmen in frischer Luft getrocknete und bearbeitete Mittel- oder Retikularschicht der Lederhaut (Abb. 24).

Die Herstellung begann, wie bei der Lohgerbung, mit dem Wässern der vom Kadaver abgezogenen Haut. Nach gründlichem Ausspülen wurden die auf der Fleischseite zusammengefalteten Häute zum Äschern, Aufschwemmen des Gewebes, Entfetten und Lockern der Haarwurzeln in eine Kalkbrühe gelegt und zwei- bis dreimal täglich bewegt. Ließ sich bei der Fingerprobe die Haarschicht bewegen, wurde das Fell naß über den Gerbbaum ausgebreitet und mit dem stumpfen Haareisen die Haarschicht abgestreift. Mit dem Scherdegen entfernte man die Unterhaut mit den Fleischresten. Das Äschern war witterungsabhängig. Es dauerte im Sommer acht Tage, bis doppelt so lang im Winter und konnte nach dem Enthaaren nochmals um acht Tage durch Einlegen in frische Kalkbrühe (Kalkmilch) verlängert werden. Ausschlaggebend waren damals das Fingerspitzengefühl und die Erfahrung des Pergamenters: Zu starke Lauge oder zu langes Liegen im Kalkbad wirkten auch auf Hautpartien, die erhalten bleiben sollten, zerstörerisch. Zu schwache Lauge oder zu kurze Einwirkung machten die Nacharbeiten mit den Arbeitsgeräten mühsam und langwierig.

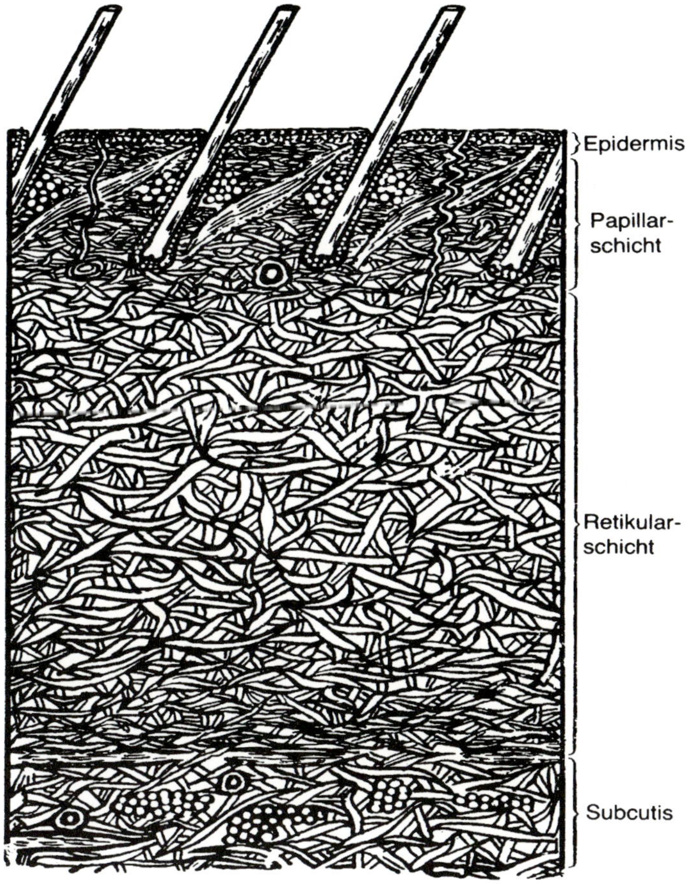

Abb. 24 Vertikalschnitt durch die tierische Haut

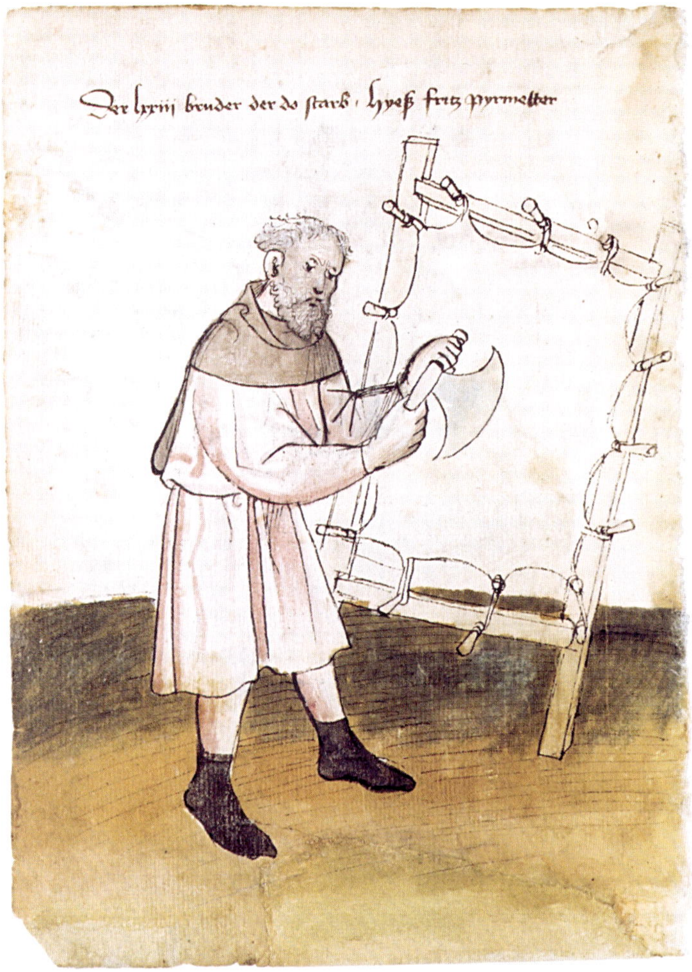

Abb. 25 Pergamenter beim Glätten der im Rahmen eingespannten Haut mit dem Rundeisen oder Halbmondmesser (ca. 1425)

Nach gründlichem Ausspülen und zweitägigem Liegen in klarem Wasser war die von der Ober- und Unterhaut getrennte „Lederhaut" zum Einspannen in einen eckigen oder runden Rahmen und zum langsamen Trocknen in der Luft zu Pergament vorbereitet. Während dieser Tage mußte der Pergamenter mit dem Halbmondeisen die Restflüssigkeit auspressen, die Unebenheiten ausgleichen und dabei die Wärme durch Sonne oder Schatten regulieren sowie die Spannung nachstellen (Abb. 25). Durch mehrmaliges Benetzen mit Wasser, Schmirgeln und Glätten mit Bimsstein entstanden dabei die schimmernden und glatten Schreibflächen. Pergamentierung entsteht dadurch, daß sich die Collagenfasern durch die Spannung strecken und mit der eigenen, zu klebriger Konsistenz eintrocknenden Gewebeflüssigkeit in dieser Lage festgehalten werden.

Das getrocknete Pergament wurde dann aus dem Rahmen genommen. Der Schreiber bereitete es durch Aufstäuben von Kreide oder Bestreichen mit einem Haftmittel für Tinten und Farben, sowie durch Zuschneiden auf Format, zur Beschriftung vor (s. S. 21).

Von der Druckseite zum Buch

Die Arbeit des Buchbinders

The printed or hand-written sheets are bound into a book by the bookbinder. Sheets of unsized paper usually used for printing had at first to be planished, i.e. treated with an alum glue to make them more solid and stable and subsequently smoothed preferably using a polished agate stone. The sheets were folded, pressed and arranged in layers according to the placement of printed pages on them. Ordinarily, sheets had two pages on each side, later often four in printed books. The bookbinder then put the stack of sheets upon the binder's board. Here, the layers were sewn to up to seven strings stretched at even distances in the board. This was done by stitching the thread through the sheet folds from the inside and wrapping it around the strings. The resulting book block was pressed and its back was rounded with a hammer. The sides on all three edges or only at the top were planed, the latter process opening the pages. Then the book block was placed between the previously produced covers and connected to them by its strings. These were fixed in pre-formed cavities in the wooden covers. Two paper sheets glued to the outer pages of the book block and front and back cover, respectively, improved the book´s stability. Finally, according to the customer's wishes and financial ability, the cover received a leather coating, metal clasps and various ornamentation, e.g. in gold or ivory.

Die für das Binden eines Buches notwendigen Arbeitsvorgänge sind uns aus dem Mittelalter mehrfach in Wort und Bild überliefert, so daß wir heute darüber gut unterrichtet sind. Eine weitbekannte Quelle hierfür ist die Bamberger Ambrosius-Handschrift von 1175. Hier werden die Tätigkeiten in der Form von Medaillons als Federzeichnungen dargestellt (Abb. 30). Die Sequenz weist zehn Medaillons auf, die die Stationen vom leeren „Beschreibmaterial" Pergament über den handgeschriebenen Text zum fertigen Buch dokumentieren.

Die Vorbereitungen für das Binden

Der Buchbinder erhielt die handgeschriebenen oder gedruckten Bögen, auf denen mehrere Schreib- oder Druckseiten beidseitig plaziert waren. Beim Druckvorgang wurde der Bogen mit dem Schöndruck beim Einlegen in die Druckpresse so markiert und befestigt, daß aus dem Widerdruck deckungsgleiche Satzspiegel auf beiden Seiten resultierten. Gutenberg plazierte beim Druck der B 42 je 2 Druckseiten auf Vorder- und Rückseite der Bögen, was in Zeiten vor dem Buchdruck die übliche Anordnung war. Später trugen die Druckbögen häufig je 4 Druckseiten vorne und hinten.

Die Bögen wurden vom Buchbinder, wenn notwendig, planiert, d.h. geleimt und geglättet. Dies war in der Regel bei Druckpapier der Fall, da es bei der Herstellung schwächer oder gar nicht geleimt wurde (s. S. 15). Dann wurden die Bögen gefalzt und zu Lagen zusammengelegt. Bei der B 42 besteht eine Lage gewöhnlich aus 5 ineinandergelegten Bögen mit je 4 Druckseiten. Im Falle von 8 Druckseiten pro Papierbogen wurden die Bögen so zusammengelegt, daß sie an der Rücken- (linken) und Oberseite gefaltet, an der rechten Seite und unten offen waren. Die so entstandenen Lagen wurden nun in einer Stockpresse (Abb. 27) gleichmäßig zusammengedrückt.

Die Entstehung des Buchblocks

Im nächsten Arbeitsschritt wurden die Lagen geheftet. In einer Buchbinderlade wurden zunächst je nach Größe und Dicke des Buches bis zu 7 Bünde aufgespannt. Hierzu fanden Lederriemen, Sehnen oder die sehr haltbaren Hanfschnüre, die oft doppelt geführt wurden, Verwendung (Abb. 26). Anschließend wurden die Heftfäden aus Flachs oder Hanf von innen her durch die Lagen geführt und dann außen um die Bünde geschlungen (Abb. 28). Die Fadenenden wurden jeweils mit denen der vorigen Lage verknotet.

Waren alle Lagen angebracht, wurden sie erneut zusammengepreßt. Der Rücken des so entstandenen Buchblocks wurde verleimt und häufig mit einem Papier- oder Pergamentstreifen überklebt, der an beiden Seiten überstand. So wurde der Buchblock stabilisiert und konnte später mit dem Einband verbunden werden. Die Seiten des Buchblocks wurden vom Buchbinder, wenn überhaupt, sehr sparsam beschnitten. Im Falle von gefalteten Oberkanten der Seiten – bei 8-seitigen Bögen – waren diese mit einem Buchhobel durch knappes Abhobeln zu öffnen. Danach konnten die Seiten des Buchblocks aufgeblättert werden.

Das Einbinden

Die fertig zugelieferten oder rohen, noch zu bearbeitenden, hölzernen Buchdeckel wurden durch den Rükken und die Bünde miteinander verbunden und in der Regel mit Leder bezogen. Die Bünde wurden dabei durch in die Deckel eingearbeitete Kanäle gezogen und anschließend verkeilt oder verleimt (Abb. 28). Um den Halt des Buchblocks im Einband zu gewährleisten, wurde der auf dem Buchrücken aufgeklebte Streifen auf die Innenseiten des Deckels aufgeklebt. Die Bünde hoben sich auf dem Rücken des fertigen Einbandes

Abb. 26 Heftlade

Abb. 27 Stockpresse

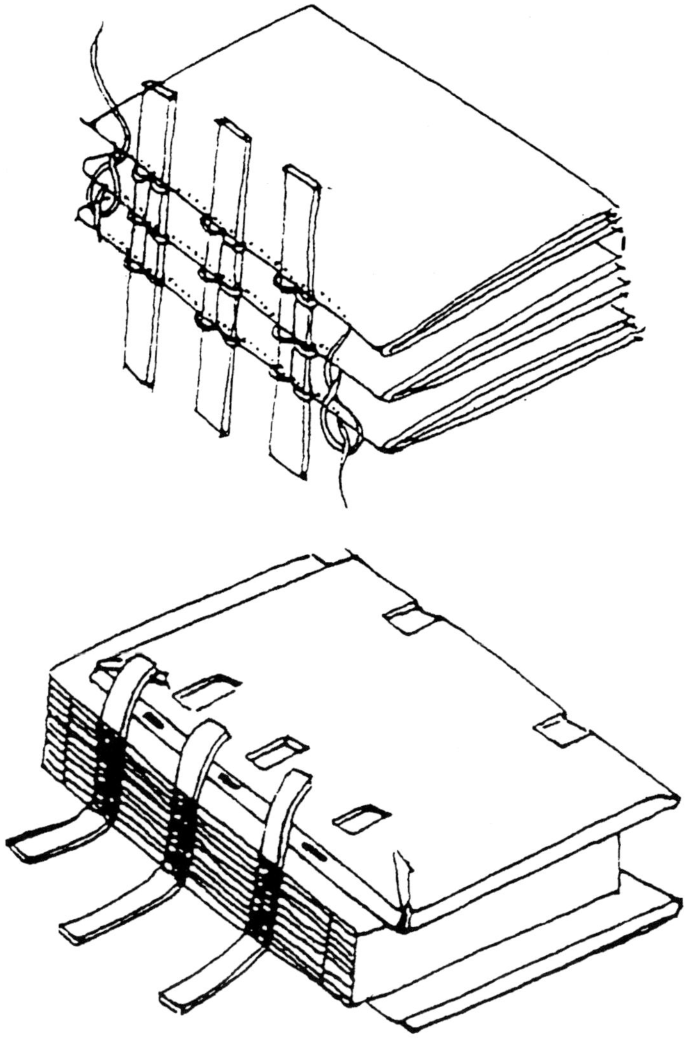

Abb. 28 Heften der Lagen (oben) und Einhängen des Buchblocks in die Buchdeckel (unten)

als „Wülste" hervor. Die Verbindung von Buchblock und Einband wurde durch die Einarbeitung von Vorsatzblättern vorn und hinten in den Buchblock noch verbessert (Abb. 29). Von diesen Doppelblättern gehört jeweils ein Blatt zum Buchblock, das andere, der „Flügel", wurde auf die Innenseite des Buchdeckels flächig aufgeklebt. Hierauf wurde häufig noch ein dekoratives Einzelblatt geleimt, der sogenannte Spiegel. Dieser bewirkte zudem eine Gegenspannung zum Außenbezug des Deckels, um so einem Verziehen des Deckels vorzubeugen. Nach dem Anbringen des Einbandes wurde das Buch erneut gepreßt (Abb. 27).

Die Ausgestaltung des Einbands

Die so gefertigten Bücher wurden, je nach Wunsch und finanziellen Möglichkeiten des Bestellers, einfach gestaltet oder aber reich verziert, bis hin zu kostbaren Einlegearbeiten und Edelsteinbesatz. Die Buchschließen und -beschläge der Einbände wurden aus Messing entweder vom Buchbinder selbst gefertigt oder zugeliefert. Sie waren nicht ausschließlich Zierde, sondern preßten auch den Buchblock zusammen und verhinderten so ein Wellen der Seiten bei Veränderung der Luftfeuchtigkeit.

Gebrauchsbücher (Rechnungsbücher etc.) wurden nur in einfacher Form mit Leder oder Pergament bezogen. Der mit Leder bezogene Holzdeckel war die Regel, seine Ecken waren durch Metallbeschläge geschützt. Bücher, die auch den Stand ihres Besitzers dokumentieren sollten, wurden mit zusätzlichen Beschlägen, als Zierelemente über den gesamten Deckel verteilt, ausgeschmückt. Hinzu konnten Muster kommen, die mit erhitzten Metallstempeln in das helle Leder eingeprägt wurden. Handelte es sich um kostbar ausgezeichnete und ausgemalte Bücher, so wurden diese häufig mit Goldschmiedearbeiten, Edelsteinen, Perlen oder Elfenbeinschnitzereien verziert.

Bücher waren noch bis weit hinein in die Zeit Gutenbergs ein seltener Besitz und daher für den einfachen Mann unerschwinglich. Die Einbände waren aufgrund ihrer Entstehungsweise Unikate, dienten der Wertsteigerung und ebenfalls der Reputation des Besitzers.

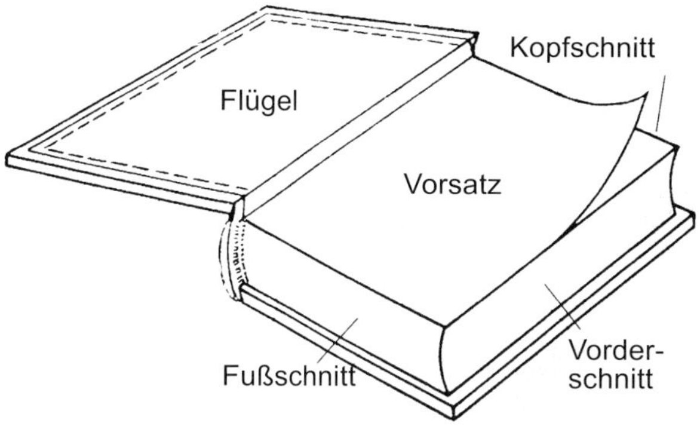

Abb. 29 Innenseite des Bucheinbandes mit aufgeklebtem Vorsatzblatt

Abb. 30 Medaillons der Bamberger Ambrosius-Handschrift (1175) zur Entstehung eines Buches

Leben im mittelalterlichen Mainz

Some 10.000 people inhabited the city of Mainz in the middle of the 15th century. The medieval community was strongly class influenced: Dignitaries of the church, noblemen and wealthy patricians belonged to the upper class, followed by traders and craftsmen. Day labourers, beggars and whores constituted the majority of the poor and very poor, devoid of citizens´ rights.

The distinctions in social status were also obvious in the place of living. The representants of the ruling class had their houses in the center close to market, city hall and cathedral, the shabby huts of the poor predominantly huddled along the city wall. Few houses, even of the wealthy citizens, were build of stone in this period, the usual building type being half-timbering. Houses used to be build around a central room, opening towards the street by a large gate. Frequently this was the only room with a fire-place.

The citizens´ supply with food depended on the fertile environs of Mainz which were cultivated in the form of „garden cultures": cereals, vegetables, fruit and wine were grown together in one spot. Farmers also sold animals of all kind and their products, as milk and eggs, at the market-places in the city. Meat, however, was too expensive for the poorer inhabitants, who relied on fish, mostly from the Rhine, as a more accessible protein source.

Der Weg in die Stadt

Mainz war im Mittelalter von einer stark befestigten Stadtmauer umgeben, die die Stadt vor Angriffen schützen sollte. Mit gut 10.000 Einwohnern war sie im 15. Jahrhundert ein bedeutendes Zentrum, das folglich auch immer wieder in kriegerische Auseinandersetzungen verwickelt wurde. Hineingelangen konnte man nur durch wenige Stadttore. Ein Beispiel hierfür ist der „Eiserne Turm".

Bevor man eine solche mittelalterliche Stadt betrat, roch man sie. Schon der Stadtgraben, der die Stadtmauer zusätzlich sicherte, stank jedem entgegen, der sich näherte, da er in Friedenszeiten nicht gepflegt, dafür aber zur Entsorgung von Unrat aller Art genutzt wurde.

Aber auch innerhalb der Stadtmauern herrschte ein strenger Geruch, den wir heute wohl als unerträglich empfinden würden. Mensch und Tier lebten auf engstem Raum zusammen. Abfälle und Unrat endeten auf den Straßen und in den Höfen der Häuser. Die tägliche Notdurft verrichtete man im Freien oder auf Aborten am Haus. Diese bestanden aus kleinen, den Häusern „angeklebten" erkerähnlichen Vorbauten, die über engen „Ehgräben" zwischen den Häusern angebracht waren (Abb. 31). Die Exkremente fielen hier in offene Fäkaliengruben. Die Gräben wurden von Zeit zu Zeit gereinigt, verursachten aber einen permanenten Gestank und waren der Nährboden für zahlreiche Krankheitskeime. Erst wenige Häuser reicher Bürger hatten überwölbte Latrinen, die allerdings nur alle 10 bis 20 Jahre geleert wurden.

Der Weg in das Zentrum der Stadt führte zunächst vom Stadttor vorbei an den windschiefen Katen der Armen, die sich unmittelbar der Stadtmauer anschmiegten. Dann kreuzte er ein Gewirr enger, dunkler Gassen mit den dicht stehenden, kleinen Häusern der Handwerker. Man passierte das Wirtshaus und die Läden der Kaufleute, bis schließlich das Zentrum mit Marktplatz, Rathaus und Dom erreicht wurde. Hier fanden sich die repräsentativen Häuser der reichen Oberschicht.

Waren diese Plätze vor Dom und Rathaus durch steinernes Pflaster befestigt, so bestanden die anderen Straßen aus gestampfter Erde. Sie waren bei Trokkenheit staubig und bei Regen matschig. Karren und Fuhrwerke hatten da, wo sie im engen Gassengewirr durchkamen, tiefe Rinnen eingegraben, die oft mit Wasser und Exkrementen gefüllt waren.

Die Häuser

Im 15. Jahrhundert waren Steinhäuser noch selten. Ein mehrstöckiges Haus durchgehend aus Stein zu errichten war so teuer, daß selbst unter den reichen Familien sich dies nur wenige leisten konnten. Steinhäuser und ihre Besitzer wurden oft wegen ihrer herausragenden Stellung in den Stadtannalen besonders erwähnt. Das im 13. Jahrhundert erbaute „Haus zum Stein" ist noch heute in der Weintorstraße zu sehen. Es besitzt, wie alle damaligen Häuser der Reichen, ein Kellergewölbe. Solche Kellergewölbe dienten als Arbeitsraum, als Verkaufsraum und als Lager für kostbare Waren.

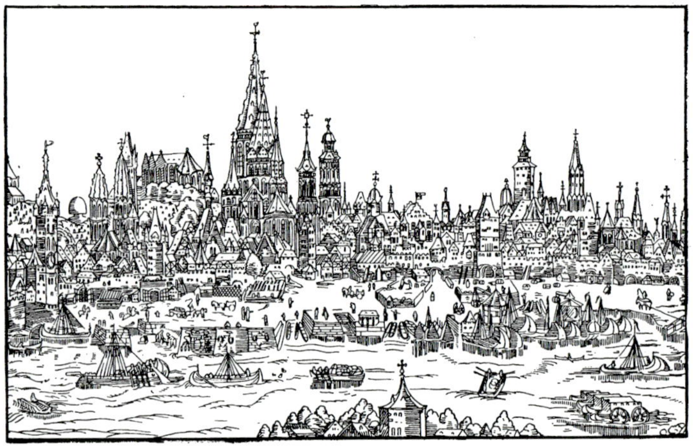

Abb. 32 Mainz im Jahre 1565; reger Warenverkehr am Hafen (unter anderem Holzstapelung) ist zu erkennen

Abb. 31 Hölzerner Abort am Haus über dem Ehgraben

Das zum Hausbau überwiegend gebrauchte Baumaterial war Holz, die typische Bauform das Fachwerkhaus (Abb. 33). Die Häuser wohlhabender Bürger besaßen aber oft ein steinernes Erdgeschoß mit einer Kemenate als beheizbarem Raum. Gebaut wurde stets mehrstöckig; da Mainz bis zum 15. Jahrhundert stetig gewachsen war und sich die Stadt aufgrund der Stadtmauer nicht ausbreiten konnte, war Bauland sehr knapp. Neben der Grundkonstruktion der Häuser wurden auch Wände und Decken in Holz ausgeführt. Die Dächer wurden ebenfalls mit Holz gedeckt. Als Alternative stand sonst überwiegend nur Stroh zur Verfügung. Da solche Häuser Feuersbrünsten reichlich Nahrung boten, half der Rat der Stadt denjenigen Bürgern finanziell, die bereit waren und es sich leisten konnten, ihre Dächer mit gebrannten Ziegeln zu decken.

Der allgemeine Haustyp war zu Beginn des 15. Jahrhunderts das Dielenhaus, das zur Straße hin ein großes Tor besaß. Hinter diesem öffnete sich die Diele, gleichzeitig Wohn- und Arbeitsraum, in dem sich auch die Herdstelle befand. Das Tor war am Tage geöffnet, so daß Licht einfallen, Luft zirkulieren und der Rauch über der Herdstelle offen durch das Gebälk abziehen konnte. Erst nachdem man anfing, beheizbare Stuben in den Obergeschossen einzurichten, wurde das zentrale offene Herdfeuer in der Diele überflüssig. Im Verlaufe des 15. Jahrhunderts schuf man in den Bürgerhäusern einen eigenen Raum für die Küche und verlegte damit auch das Herdfeuer dorthin.

Leben und arbeiten

Zusammen arbeiten und zusammen leben bestimmten den Rhythmus der Menschen in der Stadt. Entsprechend boten auch die Häuser keinen Raum für Individualität, Intimität und Rückzug. Oft lagen etwa die Schlafstellen der verschiedensten Hausbewohner zusammen. Ausnahmen stellten manchmal die Schlafzimmer der Herrschaft dar.

Auch sonst lebte man mehr in Gemeinschaft. Das Essen wurde mit dem gesamten Gesinde eingenommen, Badehäuser dienten nicht nur der Reinigung, sondern waren auch, da Männer und Frauen den großen Badezuber oft gemeinsam nutzten, Ort der Geselligkeit und auch sexuellen Freizügigkeit.

Das Leben in der mittelalterlichen Stadt war streng nach Ständeregeln organisiert und strukturiert. Klerus, Adel und Patrizier bildeten die Führungsschicht, gefolgt von Gelehrten, Händlern und wohlhabenden Handwerksmeistern. In der Hirarchie folgten dann die mittleren und kleinen Handwerksgesellen, darauf die unteren Schichten der Tagelöhner, Knechte und Mägde sowie die ganz Armen, die Obdachlosen, Bettler und Huren, die am Existenzminimum lebten. Viele besaßen keine Bürgerrechte und hatten auch keine Möglichkeit, sie zu erlangen. Diese armen Schichten stellten den größten Teil der Bevölkerung. Die Menschen akzeptierten die hierarchisch gegliederte Ordnung der Gesellschaft, sie lehnten sich aber häufig offen auf, wenn Macht mißbraucht und Unrecht geübt wurde.

Abb. 33 Reich ausgestaltetes mittelalterliches Fachwerkhaus, um 1430

Die Versorgung

Die Versorgung einer solchen Stadt mit Nahrung war zur damaligen Zeit nicht einfach. Sie wurde vor allem durch das Mainzer Um- und Hinterland bewerkstelligt, ein noch heute sehr fruchtbares Gebiet, das in Form von „Gartenkulturen" bewirtschaftet wurde. Man pflanzte auf einem Feld in Mischkultur Wein, verschiedene Getreidesarten, Gemüse und Obstbäume unterschiedlichster Sorten.

Einige Gartenkulturen gab es auch innerhalb der Stadtmauern. So heißt noch heute ein Platz in der Mainzer Altstadt „Kirschgarten". Auch wurden in der Stadt Tiere wie Ziegen, Schweine, Gänse u.a. gehalten. Sie lebten mit den Menschen gemeinsam in Höfen, Häusern und in den Straßen und trugen so mit ihren Exkrementen und anderem Unrat erheblich zu dem Gestank innerhalb der Stadtmauern bei.

Die Bauern des Umlands produzierten nicht nur für den Eigenbedarf und für die Versorgung der Mainzer Bevölkerung, viele trieben auch Handel mit anderen Städten. Sie belieferten die Mainzer Märkte mit der ganzen Vielfalt ihrer Erzeugnisse: Neben Wein und den Feldfrüchten boten sie Milch, Eier, Quark sowie Enten, Hühner, Ziegen, Schafe, Schweine und Rinder als Fleischlieferanten an. Große Marktplätze gab es in Mainz am heutigen Schillerplatz, am Liebfrauenplatz und am Roten Tor.

Abb. 34 Darstellungen von Metzger und Fischer aus dem Ständebuch von J. Ammann (1568)

Das wichtigste Getränk war Wein, der schon am Morgen genossen wurde. Daneben gab es Met und Bier. Arme Leute aßen vor allem Gerichte aus Getreide, dazu Gemüse und Eier. Fleisch zu kaufen war für die meisten unerschwinglich. Wer Tiere bei sich zu Hause hielt, konnte diese zu besonderen Anlässen schlachten, ansonsten stellte Fisch das wichtigste Nahrungsmittel für die Versorgung mit Eiweiß dar. Ihn konnten sich auch Ärmere leisten. Der Fischfang im Rhein und den anderen angrenzenden Flüssen und Bächen lieferte eine breite Palette von verschiedenen Fischarten. Besonders in Fastenzeiten, wenn auch die Wohlhabenden kein Fleisch verzehren durften, konnte aber auch diese Ernährungsquelle rar werden. In diesen Zeiten bezog man sogar getrockneten und gesalzenen Fisch von Kölner Fischgroßhändlern.

Fleisch war nicht das einzige, was man von den Tieren gebrauchen konnte. Aus den Knochen fertigte man Geräte, Fußwurzelknochen wurden zu Spielwürfeln, Schwimmblasen zu Bällen. Tierhäute wurden in den Gerbereien zu Fellen, Leder und Pergament verarbeitet, durch Erhitzen von Tierabfällen erhielt man Leim (Knochenleim). So waren das Leder für Bucheinbände und Leime, die bei der Herstellung von Papier, Farben in der Buchmalerei und beim Buchbinden von Bedeutung waren, lokal erzeugte Produkte. Für den Flachs, aus dem Fäden und Schnüre, unter anderem zum Binden von Büchern, entstanden, gab es in Mainz sogar einen eigenen Markt. Weitere notwendige Ausgangsstoffe zur Buchherstellung, so z.B. Metalle, Papier und Holz, waren durch den regen Handel der mittelalterlichen Metropole Mainz verfügbar.

Glossar

Achat: Konzentrisch-schalige, zonar gefärbte Knollen von mikrokristallinem Quartz (SiO_2), sogenanntem Chalcedon; gewöhnlich in Blasenräumen von Vulkangesteinen. Klassische Vorkommen bei Idar-Oberstein.

Äscher: Der in der Lederindustrie eingeleitete Haarlockerungs- oder Haarzerstörungsprozeß, bei dem die bindegewebige Hautsubstanz durch Quellung aufgelockert wird.

Alaun: Ein Salz (Kaliumaluminiumsulfat), reagiert in Lösung schwach sauer, wurde zur Leimung von Papier verwendet; auch z.B. als Beize in der Färberei und medizinisch zur Blutungsstillung.

Asbest: Faserartig kristallisierende Silikat-Mineralien, Verwendung für feuerbeständige Bekleidung, Pappen und Papiere sowie als Dichtungsmaterial.

B 42: Kurzbezeichnung für die 42-zeilige Bibel GUTENBERGS.

Beize: In der Gerberei ein Prozeß, der die Entquellung der Haut begünstigt. Die zuvor im Äscher zur Quellung gebrachte Haut wird in Hundekot- oder Vogelmist-Aufschwemmungen eingelegt.

Bergeisen: In der Funktion einem Meißel vergleichbares Werkzeug. Das Bergeisen wurde allerdings wie ein Hammerkopf an einem Holzstiel befestigt.

Borten: Schmal geschnittene Bretter, die für Abschlüsse bei Wandverkleidungen, Abdeckungen bei Eckverbindungen o.ä. verwandt wurden.

Buchblock: Die zusammengefaßten und -genähten Buchseiten, die am Rücken durch Bünde miteinander verbunden und verleimt sind.

Bünde: Beim Buchbinden: Querlaufende Schnüre aus Hanf oder Flachs oder Streifen aus Leder, die der Verbindung der zusammengenähten Buchseiten zum Buchblock dienen.

Cellulose: Hauptbestandteil der pflanzlichen Zellwand; chemisch ein Makromolekül aus zahlreichen Glucose-(Zucker-)Einheiten (Polysaccharid).

Defibrillieren: Entspinnen, Auflösen von Schnüren zu Einzelfäden bzw. Fäden zu einzelnen Fasern.

Emulgieren: Bildung einer Emulsion, in der eine Flüssigkeit in Form kleinster Tropfen in einer anderen, nicht mit ihr mischbaren Flüssigkeit verteilt ist, beispielsweise Fette und Öle in Wasser.

Enzyme: Von lebenden Zellen erzeugte besondere Eiweißstoffe, die den Ablauf biochemischer Reaktionen erleichtern; auch als Fermente bezeichnet.

Fermente: s. Enzyme.

Flachs: *Linum usitatissimum* (Ordn. Geraniales, Storchschnabelartige, Fam. Linaceae, Leingewächse), Kulturform des Lein (Gattung *Linum*), aus der Leinöl und Fasern für Gewebe gewonnen werden.

Gerbbaum: Zur Bearbeitung wurde die Tierhaut auf den Gerbbaum gelegt. Auf ihm konnte das restliche Haar, Bindegewebe und Fleisch mit dem Scherdegen von der Haut entfernt werden.

Gerbstoffe: Natürliche oder synthetische Substanzen, die die chemischen Prozeße bei der Gerbung von Tierhäuten zu Leder bewirken.

Gratleiste: In eine Holzfläche quer zum Faserverlauf eingearbeitete Leiste aus meist weicherem Holz, fest verbunden durch Schwalbenschwanzform (d.i. nach unten verbreitert). Verhindert ein Verwerfen oder Verziehen der Holzfläche.

Haareisen: Gerades stumpfes Messer mit einem Griff an beiden Enden, mit dem die Haut vom Gerber enthaart wurde.

Hanf: *Cannabis sativa*, Kulturpflanze (Ordn. Urticales, Brennesselartige, Fam. Moraceae, Maulbeergewächse) zur Gewinnung von Fasern sowie halluzinogenen und medizinisch wirksamen Inhaltsstoffen.

Heftlade: Holzgestell mit Rahmen, in dem die Lagen der Buchbögen an den senkrecht verlaufenden Bünden festgenäht werden.

Holzknechte: Berufsstand in der Holzverarbeitung mit Hilfsaufgaben, wie Transport, Lagerung und Schälen von Baumstämmen.

Illumination: Das Ausmalen von handgeschriebenen oder gedruckten Büchern mit farbigen Initialen, Verzierungen und Rubrica.

Kassetierung: Die Einarbeitung von längs und quer verlaufenden Gratleisten (s. dort) in ein Brett.

Kemenate: Steinerner und daher feuersicherer Raum im mittelalterlichen Haus, oft als einziger heizbar.

Kopisten: Mönche und Nonnen (später auch Laien), die in den Scriptorien Bücher abschrieben und dazu auch andere Klöster aufsuchten, um dort, ggf. jahrelang, ein Werk vollständig abzuschreiben.

Lein: s. Flachs.

Leinen: Aus Flachs hergestellte Gewebe.

Lignin: Holzstoff, in Reinform eine harzartige Substanz, erhöht als Einlagerung in pflanzliche Zellwände deren Festigkeit.

Lohe: Zerkleinerte, gerbstoffreiche Rinde für die Herstellung von pflanzlich gegerbtem (lohgarem) Leder in der Grubengerbung.

Officin: Werkstatt mit den in der Apotheke pflichtig vorrätig zu haltenden Ausgangssubstanzen für Arzneimittel und den notwendigen Laborgeräten.

Pergament: Die enthaarte, ungegerbte Lederhaut, meistens von Schaf und Ziege, die auch zu GUTENBERGS Zeit als Schreibmaterial diente.

Pergamon: Hauptstadt eines um 280 v. Chr. in der heutigen West-Türkei entstandenen Diadochenreiches (s. auch Ptolemäer); aufgegangen im Römischen Reich um 130 v. Chr.

Pferdegöpel: Seilwinde, deren Antrieb horizontal gelagert war und von Pferden angetrieben wurde.

Ptolemäer: Herrschende Dynastie (323-30 v. Chr.) des ptolemäischen Reiches, eines der Diadochenreiche (d.h. entstanden nach dem Zerfall des Weltreiches Alexanders des Großen), mit dem Kernbereich im heutigen Ägypten.

Satzspiegel: Der Gesamtumfang des gedruckten Textes einschließlich Abbildungen auf einer Seite.

Scherdegen: Leicht gebogenes scharfes Messer mit einem Griff an beiden Enden, mit dem die Haut vom Gerber auf die gewünschte Stärke dünngeschnitten und von allem überflüssigen Bindegewebe und Fleischresten befreit wurde.

Schlägel: Bergmännischer Ausdruck für einen schweren Hammer, heute meist Fäustel genannt.

Schöndruck: Das Bedrucken der Vorderseite eines Druckbogens.

Scriptorium: Schreibstube in den Klöstern.

Spannrahmen: Rahmen, in den die Lederhaut zur Pergamentherstellung gespannt wurde.

Sproßachse: Grundorgan der höheren Pflanzen, zur Blattbildung und Verzweigung fähig; je nach Ausbildung bezeichnet als Stamm, Stengel, Ast oder Zweig

Stationarius: Aufsicht führender Mönch oder Universitätsangehöriger in Scriptorium oder Bibliothek, der berechtigt war, an die Schreiber Bücher auszugeben und diese wieder einzusammeln hatte.

Verseifen: Spaltung von Fetten in Fettsäuren und Glyzerin.

Vlies: Allgemein ein Textilverbundstoff aus ineinander verschlungenen Fasern, auf nassem oder trockenem Wege hergestellt.

Widerdruck: Gegendruck, das Bedrucken der Rückseite eines bereits einseitig bedruckten Bogens.

Literatur

Agricola, G. (1961)[1561]: Zwölf Bücher vom Berg- und Hüttenwesen ["De re metallica libri XII"]. 3. Aufl. 564 S. VDI. Düsseldorf [Basel].

Ammann, J. & Sachs, H. (1960)[1568]: Das Ständebuch ["Eygentliche Beschreibung aller Stände"]. (Insel-Bücherei Nr. 133). 135 S. Insel-Verlag. Leipzig [Frankfurt a. M.].

Berger, F. S., Holler, C., Jatzek, G., Martin, O., Mauz, C. & Unger, H. R. (2000): Von Gutenberg zum World Wide Web. 117 S. Dachs-Verlag. Wien.

Berninger, E. H. (1980): Das Buch vom Bergbau. Die Miniaturen des "Schwazer Bergbuchs" nach der Handschrift im Besitz des Deutschen Museums in München. 187 S. Harenberg. Dortmund.

Bravo, G. A. & Trupke, J. (1970): 100 000 Jahre Leder. 391 S. Birkhäuser Verlag. Basel & Stuttgart.

Czech, A. (1999): In mittelalterlichen Schreibwerkstätten. (MPZ-Themenheft IV). 3. Aufl. 64 S. Museums-Pädagogisches Zentrum München.

Eisenlohr, E. (1998): Die Kunst, Pergament zu machen. S. 429-433, in: Lindgren, U. (Hrsg.): Europäische Technik im Mittelalter: 800-1400 – Tradition und Innovation. Ein Handbuch. 3. Aufl.

Enst, A. & Ernst, M. (1998): Druckerschwärze und Goldtinktur. Zum 330jährigen Jubiläum der Apotheke und Buchhandlung des Wausenhauses zu Halle. (Medizin und Pharmazie in den Franckeschen Stiftungen I). 43 S. Halle a. S.

Freckmann, K., Simons, G. & Grunsky-Peper, K. (1979): Flachs im Rheinland. Anbau und Verarbeitung. (Schriftenreihe des Freilichtmuseums Sobernheim Nr. 6). 191 S. Rheinland-Verlag. Köln.

Fuchs, R. (1999): Mineralische Pigmente – Mineralaufbereitung. Pigmenete aus Mineralien und ihre Aufbereitung nach historischen Rezepten. Aufschluß, 50: 371-382. Heidelberg.

Füssel, S. (1999): Gutenberg und seine Wirkung. 142 S. Frankfurt a.M. & Leipzig.

Halbey, H. A., Schutt-Kehm, E., Stümpel, R. & Wild, A. (1985): Buchkultur in Mainz. 180 S. Verlag Philipp von Zabern. Mainz

Hellwag, F. (1924): Die Geschichte des Deutschen Tischlerhandwerks vom 12. bis zum 20. Jahrhundert. 653 + III S. Verlagsanstalt des deutschen Holzarbeiter-Verbandes G.M.B.H. Berlin.

Isert, F. (1968): Beschreibung rheinland-pfälzischer Bergamtsbezirke. 2. Bergamtsbezirk Diez. 282 S. Brodenbach.

Kapr, A. (1987): Johannes Gutenberg. Persönlichkeit und Leistung. C. H. Beck. München.

Koziol, M. & Hofmeister, W. (1997): Überblick über die Geschichte und den Forschungsstand in Bezug auf den Bergbau im Pfälzer Quecksilberdreieck. Mainzer naturwissenschaftliches Archiv, 35: 3-10. Mainz.

Leitermann, H. (1962): Zweitausend Jahre Mainz. 232 S. Stadt Mainz

Matheus, M. (1998): Vom Bistumsstreit bis zur Mainzer Stiftsfehde: Zur Geschichte der Stadt Mainz 1328 – 1459. S. 171-204, in: Dumont, F., Scherf, F. & Schütz, F. (Hrsg.): Mainz. Die Geschichte der Stadt. Verlag Philipp von Zabern, Mainz

Oltrogge, D. & Hahn, O. (1999): Über die Verwendung mineralischer Pigmente in der mittelalterlichen Buchmalerei. Aufschluß, 50: 383-390. Heidelberg.

Röhring, H.-H. (1992): Wie ein Buch entsteht. Einführung in den modernen Buchverlag. 5. Aufl. 228 S. Darmstadt.

Rosenberger, W. (1971): Beschreibung rheinland-pfälzischer Bergamtsbezirke. 3. Bergamtsbezirk Bad Kreuznach. 376 S. Bad Marienberg.

Rosenberger, W. (1979): Beschreibung rheinland-pfälzischer Bergamtsbezirke. 4. Bergamtsbezirk Koblenz. 440 S. Bad Kreuznach.

Sandermann, W. (1997): Papier. Eine spannende Kulturgeschichte. 3. Aufl. 262 S. Springer-Verlag. Berlin.

Slotta, R. (1983): Technische Denkmäler in der Bundesrepublik Deutschland. 4. Der Metallerzbergbau, Teil II. Veröffentlichungen des Deutschen Bergbau-Museums Bochum, 26: 855-1351. Bochum.

Trost, V. (1986): Skriptorium. Die Buchherstellung im Mittelalter. (Bibliotheca Palatina: Heidelberger Bibliotheksschriften 25). 48 S. Heidelberg.

Tschudin, P. F. (1998): Werkzeug und Handwerkstechnik in der mittelalterlichen Papierherstellung. S. 423-428, in: Lindgren, U. (Hrsg.): Europäische Technik im Mittelalter: 800-1400 – Tradition und Innovation. Ein Handbuch. 3. Aufl.

Abbildungsnachweise:

Abb. 1, 32:	Leitermann (1962)
Abb. 2:	Photo-Archiv Jürgen Liepe, München
Abb. 3:	Berninger (1980)
Abb. 4, 5:	Agricola (1961)[1561]
Abb. 6, 7, 26:	Papiermuseum Basel
Abb. 8:	Doizy, M.-A. & Fullacher, P. (1989): Papiers et Moulins
Abb. 9:	Hegi, G.: Illustrierte Flora von Mitteleuropa, 2. Aufl.
Abb. 10:	Strasburger, E. et al. (1983): Lehrbuch der Botanik, 32. Aufl. / Troll, W. (1973): Allgemeine Botanik, 4. Aufl.
Abb. 11:	Freckmann et al. (1979)
Abb. 12, 20-23, 25:	Hausbuch der Mendelschen Zwölfbrüderstiftung, Nürnberg (Stadtbibliothek Nürnberg)
Abb. 13-16:	Dr. Vera Trost, Stuttgart
Abb. 17:	Gutenberg-Druckladen im Gutenberg-Museum, Mainz
Abb. 18, 33:	Bramwell, M. (Hrsg.) (1976): Das grosse Buch vom Holz
Abb. 19:	Hellwag (1924)
Abb. 21, 28:	Czech (1999)
Abb. 24:	Herfeld, H. (1990): Die tierische Haut. Bibliothek des Leders, Band 1
Abb. 27:	Deutsches Buchbinder-Museum im Gutenberg-Museum, Mainz
Abb. 29:	Berger et al. (2000)
Abb. 30:	Ambrosius-Handschrift, Msc. Patr. 5, fol 1r (Staatsbibliothek Bamberg)
Abb. 31:	Landesdenkmalamt Baden-Württemberg & Stadt Zürich (Hrsg.) (1992): Stadtluft, Hirsebrei und Bettelmönch. Die Stadt um 1300

Abb. 34 sowie nicht numerierte Abbildungen auf den Seiten 6, 9, 13, 17, 21, 25, 29, 33:

Ammann & Sachs (1960)[1568]